厦门市文艺发展专项资金资助项目

策划出品　新格文化/晓学堂虫洞书店

总 编 著　苏晓东

执行编著　童雪梅

撰　　稿　燕微风　昔尘

诗　　歌　苏晓东

策划编委　杨炜峰　银旭华　孙蓓艺　张云芳　杨彤忻

岛屿诗

鼓浪屿的53个时光故事

苏晓东 杨炜峰 童雪梅 编著

海峡出版发行集团
鹭江出版社
2024年·厦门

图书在版编目（CIP）数据

岛屿诗：鼓浪屿的 53 个时光故事 / 苏晓东，杨炜峰，童雪梅编著. -- 厦门：鹭江出版社，2024.7
 ISBN 978-7-5459-2274-5

Ⅰ. ①岛… Ⅱ. ①苏… ②杨… ③童… Ⅲ. ①名人－生平事迹－中国 Ⅳ. ① K82

中国国家版本馆 CIP 数据核字（2024）第 065446 号

出 版 人　雷　戎
责任编辑　杨玉琼
装帧设计　朱　懿

DAOYU SHI

岛屿诗
——鼓浪屿的 53 个时光故事
苏晓东　杨炜峰　童雪梅　编著

出版发行：	鹭江出版社		
地　　址：	厦门市湖明路 22 号	邮政编码：	361004
印　　刷：	福州印团网印刷有限公司		
地　　址：	福州市仓山区建新镇十字亭路 4 号	联系电话：	0591-87881810
开　　本：	889mm×1194mm　1/32		
插　　页：	4		
印　　张：	10.625		
字　　数：	214 千字		
版　　次：	2024 年 7 月第 1 版　2024 年 7 月第 1 次印刷		
书　　号：	ISBN 978-7-5459-2274-5		
定　　价：	79.00 元		

如发现印装质量问题，请寄承印厂调换。

序

Hi，欢迎你来到鼓浪屿。也许，你已经发现了，这座岛屿，它被时光施了"魔法"。

是的，这是一个能令时空错乱的地方，说到底，就是因为它"碰"了你一下。尽管你不知道是什么时候被"碰"到的，可是，就只是那么一下，你的节奏变了，眼神变了，不是看到了过去，就是看到了未来。

你将遇见曾经发生在这里的故事，邂逅曾经在这里徜徉的人们。

坐在渡轮上，你能听到鲁迅与许广平在《两地书》里的窃窃私语。

走进街巷里，林语堂家里的饭菜香从廖家别墅的方向远远传来。

热爱着家国的"民族英雄"郑成功，在日光岩上远眺台湾。

怀念着故园的林尔嘉，在菽庄花园里轻轻吟诵。

剃头匠成了大富翁，在他建起的大花园里却藏着一个他自己才明白的秘密。

收藏家花一生心血收来几百架钢琴和管风琴，如今依旧在弹奏着你要用很长时间才能听懂的故事。

突然，你就想问：

那位终生未嫁的女医生，为什么成了造福无数妇婴的天使？

那位远渡重洋来到陌生东方的传教士，为什么耗尽一生精力，就为了救助那些素不相识的人们？

渐渐地，你发现：

在你走过的地方，那位大名鼎鼎的弘一法师，曾经全神贯注地抄写着经书，一点都没发觉你的到来。

在你经过的拐角，那位征服过无数听众的夜莺般的女歌者，依旧沉浸在自己的歌声里，她宁可忘却曾经的伤痛。

他们，和我们一样：

爱着生活，爱着彼此；

爱着幸福，爱着苦难；

爱着自己的家园，也爱着自己的父母子女；

爱着诗，爱着音乐，爱着墙上静静的雕塑；

爱着岩石上刻下的岁月印迹，更爱着每个转角突然闪过的风景……

时光的魔法，在这里凝聚成一个个爱的活化石，现在，它们被称为"世界文化遗产"。在这座岛上，有53个这样的"遗产"，很多人只是匆匆路过它们，常常因为不了解而忽略了它们。

本书以鼓浪屿53个名人的时光故事为线索，徐徐展开关于鼓浪屿生活方式与建筑风貌的立体画卷。这里有大时代里的家国情愁，也有独属某个人的美好与坚持……他们也只是生活在我们身边的一群人，他们有着鲜活的爱与理想，值得我们细细品读与铭记。

我的心是旷野的鸟

在你的眼睛里

找到了天空与海……

人生如逆旅，希冀这份经由时光沉淀的岛屿诗与时光故事，可以陪伴你很久，很久。

苏晓东　杨炜峰　童雪梅
2024年2月于厦门鼓浪屿虫洞书店

目 录

01 林语堂：文学大师的『红玫瑰与白玫瑰』 … 002

02 马约翰：『你的身体比你想象的更可贵』 … 008

03 林巧稚：『我这一生最爱听的声音』 … 014

04 黄奕住：格局越大，越能得偿所愿 … 020

05 郁约翰：爱和恐惧让我们纯粹 … 026

06 许春草：热血『阿爸』，鼓浪屿上的『辛德勒』 … 032

07 罗啻与打马字牧师：用闽南话唱起动听的歌 … 039

08 周淑安：老师的旋律里有『魔力』 … 045

52 从周寿恺到钟南山：时代的『逆行者』	298
53 海天堂构里的『虫洞』：面朝大海的故事发生场	304
特别篇：『莫兰蒂』与古树谱写的岛屿诗	317
主要参考文献	329
后　记	332

扫码听音频故事

31 雷厝里的记忆：东方建筑师雷文铨	169
32 杨夏林与孔继昭：珠联璧合，一起把人生绘成最美的画	175
33 徐继畬与雅裨理：『东方伽利略』与洋教士，从一座小岛正眼看世界	181
34 秋瑾：秋风秋雨愁煞人，『鉴湖女侠』的豪情与愁绪	187
35 林鹤寿与八卦楼：历史与时代的一个『大八卦』	193
36 林鍼：关于新世界的那些『第一次』	199
37 『钢琴诗人』许斐平：上帝想听他的音乐了	205
38 王氏兄弟与延平戏院：『彩色时代』的黑白记忆	211
39 陈镇和：绿茵场与天空中的『速度与激情』	217
40 安礼逊夫妇：安献楼的美丽『乌托邦』	223
41 余青松：来自『星星』的他	229
42 帕特里克·曼森：不会抓蚊子的打虎队队员不是好医生	235
43 陈文麟：把飞机送给『加西亚』	241
44 林俊卿：一位医学博士的『斜杠人生』	247
45 韩国磐：独上高楼，望不尽历史沧桑路	253
46 严楚江：满庭花簇簇，添得许多香	259
47 林祖密：满门忠烈垂青史	266
48 黄廷元：因为我对这片土地爱得深沉	272
49 卢嘉锡：科学的人生是『毛估』出来的	279
50 周辨明：将短板进阶成绝学的大语言家	285

10	鲁迅与许广平的『两地书』	056
11	郑成功：没有什么随随便便的『成功』	063
12	菽庄花园主人林尔嘉：一杯敬朝阳，一杯敬乡愁	068
13	巴金的『南国之梦』：我终将成为我想要成为的那个『我』	073
14	苏立文和吴环：让中国艺术惊艳世界的『马可·波罗』	079
15	张圣才：比《潜伏》更传奇的潜伏	085
16	拼音之父卢戆章：一个人的『小道』，众人的大道	091
17	通背拳宗师孙振环：鼓浪屿上的『霍元甲』	095
18	颜宝玲：你听过夜莺啼血的声音吗？	100
19	李焕之：中国新音乐的引领者	105
20	胡友义：一生只为写这一封『琴书』	109
21	『生活艺术的毕业生』林文庆：被误读百年的厦大校长	116
22	李清泉与颜敕：为了明天那『新的一天』	121
23	黄大辟：我有一艘『船』，面朝大海春暖花开	126
24	虞愚：今朝双手黑，明日彻心红	131
25	蔡丕杰：第五夜曲的暗号，『No love, no life』	136
26	『鼓浪屿的女儿』黄萱：欲将沉醉换悲凉	141
27	蔡元培：步履不停中的鼓浪屿『小憩』	147
28	黄旭斋的大夫第与四落大厝：海上传奇的一段余音	152
29	郁达夫在厦门：从『郁闷』而至『练达』	158
30	『巨富』光环下的黄仲训：To be or not to be	163

先想起一首歌

干净的房间干净的空气和

干净的水

分明都不是在暗示着什么

你坐在窗前

歌声如阳光

落满门前的小道

那个时候我猜想天空明朗有雨

另外是某种声音

遥遥远远地逼近又逼近

贴满忠实的白墙

笑声真多

你在你的外边

终于允许我

先想起一首歌

01 林语堂：文学大师的『红玫瑰与白玫瑰』

一百多年前，就在鼓浪屿漳州路深巷内的廖家别墅，一对刚刚结婚不久的新人，正在"密谋"一件听起来很"不靠谱"的事情。

新郎说：翠凤，你真的想明白了吗？

新娘说：嗯，我跟你想的一样。

新郎犹豫了一下：那我们就自己决定了，谁也别后悔！

新娘笑了：不、后、悔。

于是，他们就快乐地把刚领到手几天的结婚证书给烧掉了。

这可能是你听到的最奇葩的新婚故事了吧。这对听起来有些标新立异的夫妻，就是大名鼎鼎的《京华烟云》作者林语堂和他的夫人廖翠凤。林语堂是被评价为"两脚踏中西文化，一心评宇宙文章"的著名文学家，曾经是诺贝尔文学奖候选人；而他的新婚妻子廖翠凤，可是当时鼓浪屿数一数二的富豪人家的女儿。

林语堂，1895年生于漳州平和县，父亲林至诚是基督教牧师。林语堂10岁起随在鼓浪屿寻源书院读书的三哥到鼓浪屿读小学和中学。1912年考入上海圣约翰大学，1916年林语堂从圣约翰大学毕业，学校推荐他到清华大学教英语，在教了3年英语后，获得了半个留学名额（全额资助为80元大洋，半额资助为40元大洋），到美国哈佛大学攻读比较文学。

赴美前，他回到鼓浪屿成婚，婚后带廖翠凤一同去了美国。

林语堂视厦门为第二故乡，也是他爱情与婚姻的缔结处。在《八十自叙》里他这样写道：

> 我与西洋生活初次的接触是在厦门。我所记得的是传教士和战舰，这二分子轮流威吓我和鼓舞我……我们也看见过法国美国的水手，普遍大都是在鼓浪屿街上喝得醉醺醺，东倒西歪的。偶尔也有英国足球队在一个有围墙的球场赛足球，他们不喝茶，喝别的饮料，有时有军乐队演奏，由中国的仆役端送饮料。我夹杂在别的儿童之中，由围墙的缝隙中往里窥探，对他们洋人好不羡慕。俱乐部若有舞会，我们寻源书院的学生常常立在窗外，看里面男男女女穿着晚礼服，在大庭广众之中互相拥抱，呐喊，那种令人难以相信的人间奇观，真是使人瞠目吃惊……

林语堂关于西方文化的启蒙或许就是从此开始的。

两人的婚事，一开始廖家是反对的。因为林语堂只是个牧师的儿子，不高不富也不帅。廖家女主人找翠凤征求意见，并说明林家是没有钱的。

文学大师林语堂

鼓浪屿寻源中学（摄于20世纪10年代）

不料林语堂独特的幽默性格与展现出的才华，让这位廖家二小姐倾心已久，便立即欣喜地答复母亲："没有钱没关系，人品好就行。"

可是好不容易成了亲，干吗要把结婚证书烧了呢？

他们给了一个非常充分且不易反驳的理由，那就是：因为，结婚证书只有离婚的时候才用得上，烧就烧了吧。

这个很不"严肃"的开头，居然成就了一段地久天长的爱情故事。

烧掉结婚证后，林语堂到美国哈佛大学攻读硕士，廖翠凤陪他同行。刚到美国，生活过得紧巴巴的。林语堂外向而顽皮，像个气球，还好太太内向且淡定，总不会让他飘很远。

这位太太，一点都不像有钱人家的娇小姐，她持家有道，又做得一手好菜，生活困难时会偷偷变卖自己的首饰维持生活，直到林语堂开始自己"开挂"的人生，成为文学大家。几十年过来，两个人的感情愈发深厚。

可是你知道吗，廖翠凤并不是林语堂的初恋。在此之前，有两个女子曾让他念念不忘。

他的初恋，是一个小名叫"橄榄"的女孩儿。后来，林语堂在一部自传体小说里写过这个女孩儿："她蹲在小溪里，蝴蝶落在发梢，缓步徐行，蝴蝶居然没有飞走。"

这就是一个人对初恋最美好的回忆了吧。

再后来，他认识了一个叫陈锦端的女孩，是他朋友的妹妹。锦端既有颜值又有才华，求婚的人都踏破了门槛。但陈家爸爸不同意他们的婚事，两个人终究有缘无分。

当明白了这一点，有一天，林语堂把自己关在房间里，整整想了一个晚上。

关于爱情和婚姻，张爱玲有一段经典的说法："也许每一个男子全都有过这样的两个女人,至少有两个,娶了红玫瑰,久而久之,红的变成了墙上的一抹蚊子血,白的还是'床前明月光';娶了白玫瑰,白的变成了衣服上的一粒饭黏子,红的却是心口上的一颗朱砂痣。"

谁是你的红玫瑰,谁又是你的白玫瑰?

每个人都有自己的答案。其实廖翠凤也知道,她的丈夫,在心灵一角,一直为锦端留了个位置。

夫妻俩从美国回到鼓浪屿廖家别墅之后,廖翠凤主动请锦端来做客。每次锦端要来,林语堂都很紧张。女儿问妈妈:这是为什么?妈妈笑着说:爸爸曾喜欢过你锦端姨呀!这让林语堂很尴尬,只好默默抽烟斗。

关于他和陈锦端的往事,林语堂曾在《八十自叙》中写道:"我从圣约翰回厦门,总在我好友的家逗留,因为我热爱我好友的妹妹。"

不过,后来,林语堂又得意地向别人传授婚姻美满的秘籍:"要把婚姻当饭吃,把爱情当点心吃。"

1 廖氏别墅
2、3 林语堂与廖翠凤

让我们回到鼓浪屿漳州路的廖家别墅，从兴贤宫旧址所在的路口（今天的马约翰广场）进来有一块小场地，里面西、北两侧各有一栋别墅，朝南这栋的入口上部横嵌书写着"立人斋"的牌匾。这两座建筑就是廖家别墅。两座建筑都是建于19世纪50年代的外廊式洋人别墅，后来被闽籍实业家廖悦发购买，院子里的两棵香樟树绿荫遮地。

在一百多年后的绿荫下，我们仍然能够感受到，当年那对烧了结婚证书的年轻人，在默契和包容中，穿透岁月，依旧坦然、率真、长情。

远远飞过的那只鹰

用它的姿势

暗示了我们前行的方向

……

02 马约翰："你的身体比你想象的更可贵"

1944年的一个夏天，云南昆明的一条马路上，有一个老人骑着自行车去上班。突然，两辆并排的马车从对面飞驰而来，马的速度飞快，直接冲向了这辆自行车！

眼看一场惨剧即将发生，只见那位老人从车上一跃而起，落地后一个侧滚翻，刚刚好躲开马车！又听得咔嚓一声，那辆可怜的自行车已经被压得不成形了。

路人们都惊出一身冷汗，老人站起身来，拍拍身上的土，非常镇定。这时候，旁边有人认出来了：哦，这不是西南联大的马老师吗？60多岁了，身手还这么好，厉害厉害！

说得没错，此人正是当时在西南联大担任体育

中国近代著名的体育教育家马约翰

教师的马约翰，他是土生土长的鼓浪屿人，中国近代著名的体育教育家。

穿过鼓浪屿龙头路，在拐往日光岩的路口，就能看到马约翰广场，广场对面是人民体育场——以前，这里被称为"洋人球埔"。1863年，英国人在伦敦成立了世界上第一个足球运动协会并统一了规则，现代足球运动由此正式确立，后其被引入中国，第一批落地的就有鼓浪屿。

英国人、美国人、日本人，足球、棒球、橄榄球……这个球埔上演着中国最早的微型国际运动会。后来，鼓浪

屿本地的足球队也来这里和洋人踢球、切磋，鼓浪屿也因此逐渐成为一座运动气息浓厚的岛屿。

从小在这种环境下长大，或许可以解释马约翰对于体育的"迷之爱好"。

虽然，命运的起点对他并不公平——1882年10月10日马约翰出生在鼓浪屿的一个基督教徒家庭，三岁时母亲去世，七岁时父亲亡故，他与哥哥保罗相依为命，在亲戚和教会的帮助下生活。人们无法知道，这个孤苦的孩子，他的成长岁月里，曾经经历了多少惶恐又无助的日子。

寒冷的冬夜里，没钱没炭火，他和哥哥唯一的取暖方式，就是半夜起来，绕着鼓浪屿起伏的路跑步，直到跑得全身暖和。他比同龄的孩子更知道，没有好的身体，一定过不上好的日子。

运动让他性格坚强，体魄健壮。他是孩子中的"全能选手"，足球、游泳、田径、网球、棒球，样样都是高手。20多岁时，他到上海读书，参加了全国第一届运动会，轻轻松松获得了880码[①]跑的金牌。

这个名气越来越大的年轻运动员，也让很多外国人刮目相看。在一次"万国田径运动会"的一英里[②]赛跑中，他和一个日本选手相持不下。一直领跑，让他体力付出过多，一度被日本选手超过，两人甚至拉开了不小的距离。然而，临近终点的时候，日本选手突然觉得身后像刮起了一阵风——那个被他甩开的中国人，有如踩着风火轮从他后面超了过去，最后以超出50码的优势获得了冠军！在场的观众激动地齐声高喊"约翰！中国！中国！约翰！"并抬着他绕场一周。

成为清华大学的体育老师以后，马约翰对自己学生的要求也是一样

---

① 英制长度单位，1码约等于0.9144米。
② 英制长度单位，1英里约等于1.609千米。

009

鼓浪屿洋人球埔旧址（鼓浪屿53个申遗要素之一）　鼓浪屿马约翰广场上的雕塑

的：请热爱自己的身体吧，没有足够的体魄，不要想能够做成什么大事。

抗战期间，清华大学迁往昆明，并入西南联大。他的学生里有许多后来的名人，但在他制定的一套"体力测验及格标准"中纷纷败下阵来——爬绳15英尺[①]、100码跑步13秒、跳远14英尺、游泳至少20码等等，有一项不及格便不能毕业。

当年被马约翰"虐"过的学生们，后来回忆起这位严厉的老师却都心存感激。作家梁实秋是马约翰的学生当中最让他头疼的一个，别的项目勉强过关，但游泳实在太差。毕业前的体育测验没及格，给他一个月时间准备补考，这位大文豪才心惊胆战地拿到他的毕业证书。

梁实秋在《清华八年——梁实秋（1923）》中写道：

清华对于体育特别注重……清华毕业时照例要考体育，包括田径、爬绳、游泳等项。我平常不加练习，临考大为紧张，马约翰先生对于我的体育成绩只是摇头叹息。我记得我跑四百码的成绩是

---

① 英制长度单位，1英尺等于0.3048米。

九十六秒，人几乎晕过去。一百码是十九秒。其他如铁球、铁饼、标枪、跳高、跳远都还可以勉强及格，游泳一关最难过。清华有那样好的游泳池，按说有好几年的准备应该没有问题，可惜是这好几年的准备都是在陆地上，并未下过水里，临考只得舍命一试。我约了两位同学各持竹竿站在两边，以备万一。我脚踏池边猛然向池心一扑，这一下子就浮出一丈开外，冲力停止之后，情形就不对了，原来水里也有地心吸力，全身直线下沉。喝了一口大水之后，人又浮到水面，尚未来得及喊救命，已经再度下沉。这时节两根竹竿把我挑了起来，成绩是不及格，一个月后补考。这一个月我可天天练习了，好在不止我一人，尚有几位陪伴我。补考的时候也许是太紧张，老毛病又发了，身体又往下沉，据同学告诉我，我当时在水里扑腾得好厉害，水珠四溅，翻江捣海一般，否则也不会往下沉。这一沉，沉到了池底。我摸到大理石的池底。滑出腻的。我心里明白，这一回只许成功不许失败，便在池底连爬带泳的前进，喝了几口水之后，头已露出水面，知道快泳完全程了，于是从从容容来了几下子蛙式泳，安安全全的跃登彼岸。马约翰先生笑得弯了腰，挥手叫我走，说："好啦，算你及格了。"这是我毕业时极不光荣的一个插曲，我现在非常悔恨，年轻时太不知道重视体育了。

1930年，马约翰担任中国远东运动会总教练。1936年，担任柏林第二届世界奥林匹克运动会中国队的总教练。1948年有人劝他离开北京去台湾，他以"世界上无论哪个党、哪个社会都得办体育"之由拒绝了。新中国成立后，他两次当选为中华全国体育总会副主席，1956年任主席，并担任第一、第二届全国运动会的总裁判长。1958年获北京网球双打冠军，76岁时获一级运动员称号，他夏不怕热，冬不怕冷，总是穿衬衫打

1 马约翰和青年教师一起备课（摄于20世纪60年代）
2 正在指导学生的马约翰
3 马约翰指导学生练习体操跳跃

领结。毛主席称他是"新中国最健康的人"。

1966年10月30日，马约翰因心脏病逝世，享年84岁。马约翰教授把毕生精力奉献给了他热爱的体育事业，留下了《体育的迁移价值》《体育经历14年》《健康与体育运动》等论著。清华大学还设立了马约翰奖励基金，并铸了两尊铜像，一尊放在清华，一尊置于鼓浪屿人民体育场门前，其侧的广场被命名为"马约翰广场"。

马约翰说，体育可以带给人勇气、坚持、自信心、进取心和决心，培养人的社会品质——公正、忠实、自由。

你的美丽的手如同你的

眼睛

你的声音

为我漫长的雨季

拉开第一道生命的彩虹

你的美丽的手抚过我

敏感的眼睛

透过你的呼吸我开始感受

世界的温馨

你的美丽的手时常呵护我

风雨交加的颤抖

呵护我四个季节永远重复的

爱情

你的美丽的手抚过我

所有开花与不开花的

时辰

你的美丽的手

03 林巧稚：『我这一生最爱听的声音』

"兹聘请林巧稚女士，任协和医院妇产科助理住院医师……"

拿到这张聘书的时候，林巧稚的心怦怦跳了起来，在协和医学院苦读了八年，身边的同学、同伴有好几位坚持不下去，中途退学，而她，终于坚持到了最后。

她把手上的聘书继续读下去："聘任期间凡因结婚、怀孕、生育者，作自动解除聘约论。"

尽管，她早就知道这个规定，可是真正面对这张将决定她一生选择的聘书时，她的内心仍然有一丝丝犹豫。

20世纪20年代末，北京协和医院恪守着一个看起来不近人情的规定：如果女大夫选择内科、外科以及妇产科这样的大科，是不允许结婚的；如果你要结婚，那必须先辞职。当时，协和医院的管理者坚信，一个女人是不可能同时扮演贤妻良母和职业女性两种角色，你，只能二选一。

学生时代的林巧稚

在别人看来，这简直就是一张"卖身契"。林巧稚微微地笑了，这一瞬间，所有的决定都已经做完了。

1901年12月，林巧稚出生在鼓浪屿一个教师家庭里，这个美丽灵秀的女儿，在父亲的眼中，就是上帝赐予的礼物。所以，父亲给她取名"巧稚"，希望她灵巧而天真。

1908年，林巧稚进入蒙学堂（女子小学校）；之后，就读于鼓浪屿怀仁学校（鼓浪屿女子高中）；三年后升入鼓浪屿高等女子师范学校，鼓浪屿上的许多闺秀均毕业于此。

1919年毕业后，因品学兼优，时年18岁的林巧稚留校当了小教员。在学校的一次手工课上，英国女教师指着她那双修长灵巧的手说"当个大夫挺合适"。她父亲也嘱咐她"不为良相，当为良医"。

青年时期的林巧稚（中）与友人合影

她走上学医救人的道路，也可能与她幼年的经历有关。在林巧稚五岁的时候，她母亲因子宫癌病故。母亲去世时那极度痛苦的一幕，让这个五岁孩子的心里有一种隐隐约约的声音："啊，我长大以后，能不能有能力帮助别人解除这样的痛苦？"

林巧稚后来成为我国现代妇产科医学的奠基人，中国科学院学部委员（院士）。

20岁那年，林巧稚和女伴余琼英来到上海，参加北京协和医学院的考试。那会儿正是七月，一年里最酷热难耐的季节，考场里就像一个大蒸笼。考最后一科的时候，气温也达到了峰值。正在认真答题的时候，突然，林巧稚听到"啊"的一声，转头望去，竟然是她的女伴余琼英晕倒在座位上，这肯定是中暑了！

她马上停下笔，站起身来，和同场的另一位考生一起把余琼英抬到阴凉的地方，用学过的急救知识尽可能快地处理了这起突发事件。等她大汗淋漓地回到考场，却发现考试时间已经过了，后面的题目没有机会再作答了。

林巧稚沮丧地离开了考场，她默默地想了一下，这一年的考试，全国只录取25名，而她的试卷没答完，这样的情况下怎么可能被录取？

可让她万万没想到的是，一个月后，她居然收到了录取通知书！

报到的时候，林巧稚见到之前的考官，在致谢之后，特意问他："为什么我会被录取？"

考官说："因为呀，虽然你有一科没答完，但是其他各科成绩都不错；还有，你的英语很流利，这对在协和的学习至关重要。"

"噢，只是这样吗？"

考官笑了："当然不是！一个真正的好医生，必须有舍己为人的精神，在处理突发事件时能够沉着、果断、有序，而你的表现恰恰说明了你有这样的品质，那才是你真正通过考试的原因呀！所以，我们决定破格录取你！"

林巧稚医生工作照（组图）

有一种声音，总会引领一个人做出自己的选择，甚至，一生坚守。

林巧稚后来以优异的成绩获得博士学位，获得了一年仅一个名额的优秀毕业生最高荣誉奖"文海奖"，并留院工作，成为协和医院的第一位中国女医生。她一生没有结婚，却亲自接生了五万多名婴儿，被人们尊称为"万婴之母"。结合医学实践经验与学术研究，林巧稚曾多次发表论文，出版著作，如《乙酰胆碱在正常分娩机制中的作用》《妇科肿瘤》等，为中国妇科医学的发展起到了重要的推动作用。

据说每一个由她亲手接生的孩子，她都会在出生证或病历上签下她的名字，而成为"林巧稚的孩子"，这该是多么幸运的事情呀——傅作义将军的小儿子，冰心和吴文藻的三个孩子，梁思成和林徽因的孩子梁从诫、梁再冰，"杂交水稻之父"袁隆平都是由林巧稚亲手接生、引领到人间的。

她最经常说的一句话："生平最爱听的声音，就是婴儿出生后的第一声啼哭。"

在这个声音之外，似乎没有别的声音能让她如此在意。

1941年，日军侵华期间，协和医院被迫关闭，一些医生都离开了。林巧稚却拒绝回到厦门避难，而是留在北平为那些患病的妇女看病。

1949年，人民解放军兵临北平城下，傅作义的夫人给她送来一张机票，可以搭乘任何一次航班去任何一个城市，她谢绝了，她要在协和医院继续守着她的病人。

不久，她收到了新中国成立的"开国大典"的邀请函，她还是没有去。她说："我是个医生，去做什么呢？我的病人更需要我。"

1961年林巧稚曾回鼓浪屿小住，这是她离开家乡后唯一一次归家探亲。1983年，林巧稚在北京病逝，享年82岁。1984年，鼓浪屿上建立了林巧稚纪念园"毓园"，以纪念和表彰这位默默做出了杰出贡献的鼓浪屿

017

鼓浪屿毓园中　蒙学堂旧址（吴添丁阁）
林巧稚的雕像

的女儿。

"只要我一息尚存，我存在的场所便是病房，存在的价值就是救治病人。"为了她最爱的那个声音，她真正履行了自己的承诺。

那么，亲爱的你，你心中最爱的那个声音是什么？你愿意这样为它付出一生吗？

在布满暗礁的期待之中
让我沿着你淋湿的视线
去穿越那曲曲折折的白天与黑夜

04 黄奕住：格局越大，越能得偿所愿

从一个剃头匠变成厦门第一富豪，不知道现在的Tony老师们敢不敢想？

清同治七年（1868）黄奕住出生，祖籍南安县，家里世代务农，到了他父亲黄则华这代，家庭仅靠务农兼修理农具为生。黄则华娶妻后第一胎就生了儿子，怕穷乡僻壤婴儿不好养留不住，故取名"住"，昵称"阿住"。

夫妻俩对这个孩子期望颇高，希望儿子能健康成长，早日支撑家业，光宗耀祖，家境虽不富裕，但依然在他六岁时就将他送进私塾念书。私塾老师按黄氏族谱排序"奕"字辈，为其取了个学名——"奕住"。

阿住读书勤奋，"塾师常谓聪慧过常儿"。后来随着弟弟妹妹的到来，家里生活越来越艰苦，父母便忍痛让阿住辍了学。阿住12岁时便跟伯父学理发，"剃头住"的称呼即由此而来。

华侨黄奕住

转眼阿住快18岁了，靠在乡间理发根本无法改变生活的困境，阿住一直都在苦寻改变现状的方法。有一天，他正在给一个富绅剃头。没想到，修脸的时候，富绅突然咳嗽了一声，阿住猝不及防，竟然在富绅的额上刮出了一个小伤口！

这下事情闹大了。富绅不断呵斥并威胁阿住，弄得阿住一家人好几天都不敢出门。阿住提出干脆下南洋谋个出路。经全家协商，决定卖掉祖传的一丘田，支持阿住下

南洋。

于是，1885年阿住便怀揣着祖田换来的36块大洋，带着几件衣服和理发工具，拜别了父母，徒步走到厦门，然后搭乘木帆船离开了厦门。

阿住心想：我一定好好努力，多赚点钱，回来娶个好老婆，一起来孝敬阿爸阿妈。

34年后的一天，一位被称为"印尼糖王"的大富豪从南洋回到了闽南，村民们奔走相告。一些村子里的老人，听了这位"糖王"的名字，一直觉得耳熟：黄奕住、黄奕住，难道是阿住？

他们不知道的是，这个当年的小剃头匠，这几十年经历了什么，回到家乡，他又会做些什么。

初到南洋，他还是先靠剃头为生，但生活依然困顿。实在没钱了，他甚至只能在海边的妈祖庙里过夜。直到有一天，他给一位老华侨理发，这位老华侨看他聪明伶俐，建议他去做生意，还借了五盾给他作本钱。

于是，他挑起货郎担子卖小商品，有了些积累后，开始摆个小摊，卖起了咖啡、糕点。巧的是，在他旁边也有个摆咖啡摊的，是一位华侨家的姑娘，名叫蔡缰娘。虽说同行是"冤家"，但两个苦命的摆摊人却被生活"拉"在了一起。成亲之后，夫妻齐心，开起了杂货店。

这是19世纪末20世纪初，他们所在的三宝垄是南洋蔗糖业的一个重要集散地，黄奕住瞅准时机进入糖业，后来跻身三宝垄四大糖商之一。1914年，他入选欧洲人编辑出版的《世界商业名人录》，成为第一位入选的中国人，这一下子轰动了华人社会。此后的几十年他精心经营，终成一代巨贾。

不过，三宝垄这个地方归荷兰殖民者管辖，做得越大，就越是树大招风，天天面对殖民政府的"明争暗抢"，黄奕住下定决心：回乡！

他回来的时候，正是鼓浪屿和厦门岛开始大规模建设的年代。难以想象,那时候的鼓浪屿,没有电灯,没有电话,连自来水都没有。

都说剃头匠做的是"顶上功夫",回国后的黄奕住,要在鼓浪屿施展的也是"顶级"的投资——接下来几年的时间,他陆续在鼓浪屿创办自来水股份公司、电话公司,参股电灯公司,实现了鼓浪屿、厦门岛和闽南大小城镇的电话直通,也让鼓浪屿的居民用上了自来水。

1 位于鹭江沿岸的厦门自来水公司旧影(摄于20世纪30年代)
2 中南银行(右侧)旧影(现为龙头路)
3 中南银行发行的钞票

黄奕住的投资吸引许多有眼光的侨商迅速跟进。鼓浪屿从一个旧城区成长为现代化城区,黄奕住功不可没。

但是,有些事情,并不是有钱就能做好的。黄奕住深知,鼓浪屿这个华洋杂处的地方,少不了和洋人斗智斗勇。而他的投资之所以"顶级",正是来源于他多年来修炼的格局——他的很多投资项目,都敢于选择与"顶级"的企业合伙投资,他的合作伙伴有不少是世界级的"大咖",比如德国西门子公司通过中标合作的自来水蓄水池、水塔等建筑工程项目。

接下来,他将经营重心转向金融业,创建了当时中国最大的银行之一"中南银行",以跨国、开放性的经营,帮助华侨资金由东南亚向国内流通。通过银行与外贸公司,集中融通资金,投资于房地产、工业、交通运输业、社会公用事业等方向。

格局越大,越能"点石成金",中南银行既为国内的企业发展带来了资金,也为华侨资金回国投资创造了巨额收益,大开大合,借力使力,不断创造符合国际潮流的新兴游戏规则。黄奕住的二次创业,成为后来

上图:黄奕住与第十子世哲、第十一子世禧、第十二子世华合影(摄于1940年)
下图:鼓浪屿黄家花园旧影

归国企业家的重要参考范本。

他向菽庄花园主人林尔嘉买下了中德记,在鼓浪屿建成了一座当时被称为"中国第一别墅"的黄家花园。在这幢别墅里一个不容易发现的位置——一个挂镜的顶端,雕刻着三件理发工具:剃刀、须刷和掏耳筒。

据说,当年,老华侨借给阿住五盾钱让他去做生意的时候,他为了表示自己的决心,把从家乡带去的那套理发工具包起来,扔进了茫茫大海。直到他成为巨贾,仍有人问他这件事。每当这时候,黄奕住总是微微一笑,却若有所思。

我们无法知道,在漫长的岁月里,要经历过什么样的挣扎、恐惧和困顿,才成就了黄奕住这样的一个人。修剪岁月,刮去浮华,不断拥有更大的人生格局,我们才能得偿所愿。

重重叠叠的方式
搁浅在瞌睡的邮筒里
码头上空无一人
风任意拉长我疲惫的
阴影

快剪船的汽笛声
从迷雾弥漫的海面上
远远传来
割裂着什么
我的手指亮了
你的眼睛湿了又湿

灯塔忽暗忽明
岛屿摇摇晃晃
未熄的火柴在空中静静地
烧着

05 郁约翰：爱和恐惧让我们纯粹

1910年4月的一天，鼓浪屿的"番仔公墓"有将近1000位厦门人和外国人，来到这里与他们的一位好朋友告别。这，应该是鼓浪屿有史以来规模最大的外国人的葬礼。

他们送别的这个人，既不是什么总督，也不是什么洋商富豪，而是一名医生。

只有真正了解郁约翰医生的人才知道，在他闭上双眼的那一刻，在他生命中曾有过的许多关于爱和恐惧的过往，也终于跟随他去往了遥远的天国。

郁约翰医生的中国学生为他举办葬礼（摄于1910年）

郁约翰生命中的第一次恐惧，像一次真实版的《少年派的奇幻漂流》。

六岁的时候，他随父母从荷兰迁居美国。然而就在这次航行中，因为风浪、疾病和意外，他的四个兄弟姐妹死的死、走散的走散，只有他幸存了下来。来到美国之后，很长一段时间，郁约翰经常会梦见他的兄弟姐妹，这让他一度害怕在黑夜中独处。

大难不死，父母希望他成为一个虔诚的传教士，去弘扬神的恩典，他却选择了学医。冥冥之中，科学的力量让他从童年的阴影里一步步解脱出来，他也将其视为自己心中的"神迹"。

1884年，已经成为专业医生的郁约翰，申请作为一名医疗传教士到中国。本来，教会给他指派的目的地是厦门，可是因为经费不足，这次计划只能暂时搁浅。

郁约翰夫妇

郁约翰希望能够尽快去帮助那些需要帮助的人。他心想：要不我自己去筹款吧？

可是，这个心愿，却让他不得不面对自己生命中的第二个恐惧。

原来他小时候患过白喉病，紧张的时候一说话就会气憋、声音嘶哑、咳嗽到说不出话，所以他一直有意避免上台演讲，但要筹款，就不得不演讲。硬着头皮尝试了几次后，他近乎崩溃——常常是他演讲还没结束，下面的人都走了一大半。

在又一次失败的演讲之后，他灰溜溜地走下讲台时，一位老先生拦住了他。这位老先生是尼尔保赤孤儿院的院长，是他父亲的朋友。

院长给了他一个听起来很不靠谱的建议：约翰，你来我们孤儿院演讲一次吧。

站在孩子们面前时，郁约翰突然放松了下来。演讲结束，一个小姑娘捧着两枚半便士，蹦蹦跳跳地递到他跟前，说："请您把它带去，帮助那些生病的孩子们吧！"话音刚落，其他孩子也拿着他们各自仅有的几

027

便士的"积蓄",交到他的手上。

郁约翰热泪盈眶。后来,为了感谢这家孤儿院,他来到中国后,开办的第一家医院就叫"尼尔保赤医院"。这家医院,开在厦门附近的平和县。郁约翰的下一个目标,是在鼓浪屿建立一所更加正规的西医院。而这所"救世医院"历经千辛万苦建成之后,郁约翰突然发现,真正让他不安的事情再次到来了。

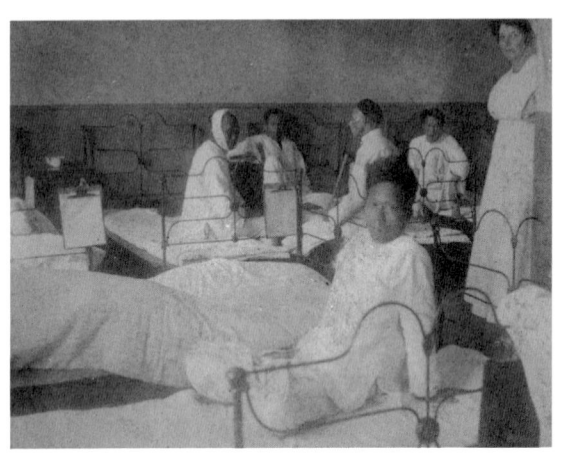

救世医院住院部

他的医院,收治过平民,也收治过乞丐;收治过各种慢性病、肿瘤患者,也收治过自认为"魔鬼附体"的得了怪病的农村人,所有人他都一视同仁。曾经有一个病人,从偏远的山村爬过粗砺的山路来求医,一条腿几乎已经腐烂,后来郁约翰给他做了截肢手术。

医院收取极低的诊费、药费和住院费,对于生活困难的人还常常免去他们的费用。但当郁约翰和医生一起到一些病人家里回访时,却看到刚刚被他治好的这个人正躺在床上吸鸦片。

"尽管是白天,我仍像在伦敦的大雾中摸索!"

在那些人的脸上,郁约翰看到了茫然和恐惧。相比之下,心灵的残缺,才是真正的魔鬼。他在鼓浪屿发起了一次声势浩大的戒毒运动,清除鸦片和吗啡,禁种罂粟,仅一年的时间,他就成功帮助66名瘾君子戒毒。每个人的重生,对他来说,都是来自神的旨意。

有一天,"神迹"突然降临他身边。那天,他的房子突然着火,一个经他救治的病人、曾经的"鸦片鬼",听到房间里传来孩子的呼救,便一头扎进熊熊火光中,救出了他的小儿子。

救世医院不只是治病救人,还成立了专门的医科学校。由于暂时无法改变中国妇女不让男医生看病、接生的陋习,他创办了一个"护士之家",后来发展成为鼓浪屿上的闽南首家护士专科学校。

郁约翰多才多艺,他还是建筑设计师、木匠和电气专家。鼓浪屿标志性建筑之一的"八卦楼",就是出自他的手笔。他作为建筑设计师所得的收入,则全部用于医院的建设和运行。

直到他感染鼠疫离开人世前的最后几天,还在用闽南话交代其他医生,要好好救治他的那几个病人。

郁约翰本来计划要回家看女儿的,他在信中跟女儿说:

中国,厦门,1910年4月6日

我亲爱的小玛格丽特:

现在是周六下午,虽然才两点钟,爸爸已经做完了本周所有的工作。通常情况下,爸爸是很难得这么早就做完工作的。但是,本周只有一些让人担心的事情,所以我就可以比平常迟一点开始工作。现在我就可以坐下来给我的小姑娘写信,因为我知道,她收到这封信的时候就是她五岁的生日了。我都等不及要去看你了。等我回到家时,你都成大姑娘了,我都会认不出你来。但是,我们很快就会熟悉起来,然后我们就可以进城好好享受一下生活。希望明年我可以回家，但是我还无法确定……

　　后记：一个病危的女病人送到了医院，我得工作至少两个小时。所以，最终我还是没能有机会休息一下。

救世与威赫敏娜医院
爱你的爸爸

救世医院旧影与医疗船

救世医院的男医馆与女医馆

　　九天后，即1910年4月15日，可怕的事情发生了，郁约翰医生因感染鼠疫离开了人世，从发病到离世仅仅三天半的时间。沃恩舒伊斯医生说："厦门所有人的悲痛比我以前见证过的任何一次都要大。"

　　在我们的生命中总会遇见一些看起来无法直面的恐惧，只有保持热爱，或许才能一步步指引我们，找到自己心里那一束独有的光亮，让短暂也如永恒！

冬雨之夜
有人伸手
撕开一张惨白的纸片
揉皱
用泪水浸湿
又轻轻
摊开
置于玻璃窗下
说长夜有风

我将肯定
明天没有皱纹
你依旧那样一言不发
在我们的每一扇窗前走过
在小岛的每一扇窗前
走过

我伫立了很久
用最忠实的沉默
反抗墙

所有的路都生锈了
你终于越走越远
在四海渺渺的海岛上
我依旧能听见你哒哒的
马蹄声

06 许春草：热血『阿爸』，鼓浪屿上的『辛德勒』

这一天，平常看来风平浪静的鼓浪屿，突然剑拔弩张。

少说有几百个建筑工人打扮的人，聚集在一所大院门口，手执棍棒，眼看着一场大规模的械斗就要开始了。

大院里，一群年轻女子正惴惴不安地躲在房间里，听着门外嘈杂的动静，有几位女子瑟瑟发抖，泪流满面，也不知是不是就要大难临头了！

这时，只见一个气宇轩昂的中年男子阔步走出，朗声说道：别怕别怕，一切有阿爸在！年轻女子们仿佛一下子吃了定心丸，胆大的帮胆小的擦擦眼泪，宽慰几句，又像往常一样，大家一起学做起手工来——虽然，有的人手还在发抖。

男子走出门外，见群情激昂，便吩咐道："看今天这个情势，海军警备司的人是不敢上到租界来了，大家先散了吧，工地各自有事各自忙，有什么情况，自会通知大家！"

看男子作揖致谢，工人们便整齐有序地收起"武器"，回到他们的工作岗位上。一切似乎又恢复了平静。晚上，工头们还特意给他们加了酒菜。

去鼓浪屿会审公堂"对话"的人传来消息，说是那位海军警备司令部的"王副官"十分生气，要求把他家的婢女从速送还，不然，你们这些人就别想再过厦门来，一到码头，立刻逮捕。

男子听完，呵呵一笑。此后，婢女并没有送还，而厦门呢，当然也是该去照去，气焰嚣张的海军警备司令部对此也无可奈何。

这看似电视剧剧情的一幕,就真真实实地发生在20世纪20年代末的鼓浪屿。故事的主人公,名叫许春草。

那个时候,他是厦门建筑总工会的会长,同时,他还有一个特殊的身份:"中国婢女救拔团"的负责人。旧社会的大户人家很多都有婢女,可是在现实中,许多豪绅、官僚家族蓄养的婢女,生活远没有电视剧中那样轻松、光鲜,她们拿着微薄的收入,做着繁重的工作,经常挨打挨骂,有的甚至被虐待致死。

许春草

在看似岁月静好的鼓浪屿上,婢女被殴打的皮鞭声、悲惨的哀哭声,时时刺痛着人们的心。1929年,鼓浪屿笔架山观彩石下的一次"群众大会"上,有一个人站了出来,发表宣言,痛斥蓄婢制度,要求养婢人家立即解放婢女,说到动情处,这位已经近六旬的男人也忍不住涕泗滂沱,台下听众也同声共泣。

最后,他斩钉截铁地说了一句话:"愿有良心的兄弟姐妹们,跟着我来!"

没错,这个人就是许春草。

他牵头拟定的《中国婢女救拔团宣言》中的救助办法,每一条都振聋发聩,总结起来大致如下:

第一条,婢女是国民,应享受同等的生存权与人权;

第二条,让婢女进学校读书,以进学校为标准。课余回家,仍可帮理家务;

第三条,婢女不堪虐待的可以逃来救拔团,由救拔团收容教育,给以衣服膳食，并保证其生命安全，健康成长；

第四条，受到残酷虐打的婢女，中国婢女救拔团要以武力抢救，不惜牺牲；

第五条，中国婢女救拔团设立收容院。婢女进院，改称院生，保障其自由，并予以教育上职业上之训练。达到结婚年龄的任其自由选择配偶，由救拔团主持婚礼。

当时，这份宣言第一批印发了5000张，分发至厦门、鼓浪屿各界人士手中，震撼了许多蓄养婢女的家庭。这些人咬牙切齿地说："许春草又在'造反了'！"

是的，许春草就是这么一个会"造反"的人。

他祖籍福建安溪，出生于厦门，12岁那年他成为鼓浪屿上的一个泥水小童工，因为勤勉和聪颖，很快成为一名年轻的建筑专家。当时的鼓浪屿，聚集了大量的西方传教士，他们聘请许春草在岛上修建教堂、学校和医院。可以说，鼓浪屿这座大型"万国建筑博览馆"中的很多建筑他都有参与建设，这里面，当然也包括他为自己建的"春草堂"。

成为厦门建筑业"大咖"的许春草，后来还当上了"福建讨贼军总指挥"。1907年，许春草经由孙中山的好友黄乃裳和之后担任厦门大学校长的林文庆介绍，正式加入同盟会，成为厦门同盟会最早的会员之一，并主持同盟会在闽南一带的会务。辛亥革命爆发后，他率领队伍光复厦门，并与孙中山成为好友。他在鼓浪屿成立的"厦门建筑总工会"，正是孙中山亲自取的名字。

在孙中山先生去世后，许春草无心政治，只身回到鼓浪屿，继续经营建筑业。可是，谁也没想到，他的后半生，却为了救助困苦的中国婢女，耗尽心血，甚至散尽家财。

我们开头说的场面，在"中国婢女救拔团"成立之后，发生了可不止一次两次。从权势熏天的海军警备司令部，到狐假虎威的会审公堂，到各路土豪劣绅、台湾流氓头子，在许春草救助婢女的过程中，不但要"硬碰硬"，还要借助各种力量进行周旋。

为了组织婢女救拔团，他几乎典尽卖空自己多年积下来的家当。囿于形势，救拔团无法向外募捐，只能通过组织表演剧目获得收入，甚至借债维持。但在他的义举感召下，张圣才、卓全成等鼓浪屿名流，在救拔团最困难的时候，给予了大力支持。

而鼓浪屿的救世医院，有不少医生护士也加入救拔团，为受虐的婢女检查身体，提供医疗救治。救拔团收容救助的婢女中，除了一个因为重伤不治身亡外，没有发生过一例事故。

每一个婢女入院，许春草都会赶来看望，婢女们也都会称他一声"阿爸"。每每看到她们遍体鳞伤的样子，这个面对强权势力从不低头的男人，却总是泪流满面。

许春草与家人合影

他总会想起自己还是八九岁孩子的时候，有一天的黄昏时分，他在路上看见一个衣衫褴褛的小女孩提着个小箩筐，在萧瑟的寒风中躲在路旁哭泣。

许春草问女孩：你怎么啦？

女孩说，她家主人给她买酱菜的三个铜钱被人抢去了，没有钱买酱菜，回家会挨打。许春草想起，自己身上正好有三个"大康熙"压岁钱——这是他唯一的"私产"。他二话没说，掏出那三枚被他磨玩得金光闪闪的铜钱，塞进女孩手中。

女孩接过铜钱后那感恩但又无助、悲怆的眼神，让他终生难忘。

有人说，许春草的"中国婢女救拔团"，对根除旧社会蓄婢陋俗产生了积极的推动作用。也有人说他是中国的"辛德勒"。

许春草在他的《创办中国婢女救拔团五周年的回顾》中回忆道：

当婢女救拔团成立的第一年，事情可多着了，第一个投奔我们的婢女，还算无事，让我们收容起来，第二个再来的我们便碰钉了，接着第三个第四个第五个，几乎每个婢女的来投，我们都要和养婢的主人（发生）一场恶战，可喜当时同志们都很兴奋，工作愈紧张，大家愈高兴，社会上同情的有，破坏的有，讥诮辱骂的也有，但这全无关系，因为我们已看准了目标，勇往地向前挺进。

不久以后，因为投奔的婢女日多，原有的收容院不够居住，我们乃设法向上海德国总领事租来厦门德国领事署旧址，这是一所占有一百余丈方的大洋楼，四围广植花木，园内有大树数百株，总计有千余丈方的场地。自后请求收容的婢女愈来愈多，而婢主们也不如从前那般凶猛地向我们要人。一年二年，现在是第五年，统计五年来，我们救拔了一百数十个婢女，除约四十人已由本团代为择配外，其余住在本院的还有九十人左右。每次看到这一大群的女孩们，我心中都有无限的感想。

为着她们的自由，我给法院传讯过，给党政要人攻击过，给一班"太太"们咒骂过；除此之外，还要为她们的衣食住问题奔走，筹借，有时心中未免非常纳闷。但，当我看见她们这么活泼的欢跳着，本来是鸠形鹄面，是蓬头跣足，操劳如牛马，挨打如木砧，而现在已和女学生一样，会唱诗，会写字，会运动。看到这些，我心里的愉快，真是不可言喻，和那些所受的亏负一比，那真是算不得什么了……

时势变迁，在中国婢女救拔团完成它的历史使命后，终于还是被迫解散了。而散尽家财的许春草一直居住在他的春草堂中直至去世。他的墓碑上，只刻着一句话——我是耶稣基督最忠心的见证人。

"春辉庭下春云暖，春草轩前草长短。"野火烧不尽的离离春草，是对生命和自由的礼赞，更是岁月不能被忘却的爱与坚韧。

春草堂

雨突然停了

所有的男孩子都仰起头

所有的女孩子都收起伞

水在脚下

流走阴绵徘徊的往事

鲜花在弯弯曲曲的阴影中伸延

阳光终于爬满了窗台

在遥远而又亲切的小岛

你们依旧款款而来

所有淋湿的情绪

所有推开的小窗

都在瞬息之间

定格成一幅鲜花铺满的油画

一条弯曲又笔直的小道

你们依旧

款款而来

07 罗啻与打马字牧师：用闽南话唱起动听的歌

这是一个平安夜，南方的夜色里终于有了浓重的寒意。鼓浪屿上的游人依旧熙熙攘攘，但当你远离人群，循着一种歌声，由远及近，你一定会遇上某一座教堂。在这里，虔诚的人们正在唱着他们对主的赞歌，歌声在教堂里回响，使这个特殊的日子显得庄严而温暖。

要是你有时间细细辨认细细听，有些声音竟然有点特别。

据说，早年间，鼓浪屿的教堂，当地老人会用闽南话来做祷告、唱颂歌；而某个金发碧眼的外国牧师也会说一口流利的闽南话，为你解脱心中的困惑与罪责。

嗯，"LI HO"（你好）——

一艘漂洋过海即将望到中国南方海岸线的船上，两个金发碧眼牧师打扮的人，正在忍受着风浪的剧烈颠簸。好在，这趟长途的航行就快要结束了。

年长的牧师说：我们的工作才刚刚开始，毕竟，我们的信众还是太少了。

另一位年轻的牧师，倒是有点兴奋——如果我们能把一些中国人变成牧师，那就太好了！

对于年轻牧师打马字的"脑洞"，年长的罗啻牧师报以微笑，是啊，也许这就是主的旨意吧。他又特意叮嘱打马字：来到厦门，我们要先学会当地的语言。

这是1847年。这一年，罗啻牧师38岁，三年前他就已经来过厦门传教，他的第一任妻子，在他宣教期间病逝，安葬在鼓浪屿。回到美国的罗啻牧师，经过短暂的休整，还是选择了回到厦门，继续他的宣教事业。

039

打马字牧师　　　　　罗啻牧师与其夫人的合影

  而当时28岁的打马字牧师也许想不到，他往后的人生会和鼓浪屿这座小岛密不可分。

  在此之前，经过牧师们的努力，厦门的信徒已经有70多人。虽然人数不算多，但已经足够拥有一座用来祈祷的教堂。牧师们多方奔走，终于在两年后，在市区中心东边的新街仔，建起了一座"新街礼拜堂"，由罗啻牧师牧养。

  直到十年之后，厦门筼筜港岸边一片茂盛的竹林边，第二座美国归正教会礼拜堂才建成，它被称为"竹树脚礼拜堂"。它的建立者，正是当年心怀憧憬的打马字牧师。一晃十年，他从一开始在这片竹林落脚的年轻牧师，成长为留起了长胡子的著名牧师，当年罗啻叮嘱他的事情，早就成为现实——你看，他可以用流利的闽南话，和他的信众"无缝交流"，那些不识字的潜在信众，也能够基本听明白他口中的诸多教义。

  但是打马字的另外一个愿望，似乎一直等着某个契机的到来。

  几年后的一天，一伙人冲进了竹树脚的一户人家，手上都拿着明晃晃的小刀。这户还算殷实的人家姓叶，也不知道自己是招了谁惹了谁，还没等反应过来，家里值钱的家当已经被这伙人洗劫一空。你敢上前阻拦，便是小刀伺候，只能眼睁睁地看着这些人呼啸而去，欲哭无泪。

这伙人，正是来自当时在厦门兴起的令人闻风丧胆的"小刀会"。看着平日里为人良善的叶家一家老小瞬间无处安身，打马字牧师便将他们接到自己家里热情款待，帮他们渡过这个难关。有一天，叶家的一位年轻人拉住打马字牧师的手，轻轻地问了一句：牧师，以后我能跟随您吗？

这个叫作叶汉章的年轻人，经过打马字牧师的悉心调教，于1863年被按立为竹树脚礼拜堂首位华人牧师。

对于一个漂洋过海来到异国的传教士来说，赢得一个异教徒的心是最让人激动的事情了。但打马字觉得，自己传教事业的"里程碑"，依然不止于此。

罗啻和其他牧师，其实也和他一样，有着深远的考虑。在中国传教，面对的是当地识字水平普遍较低的普通民众，他们就算翻起四书五经来也不认识几个字，对于来自异国的上帝福音，又怎能看得明白呢？所以，需要一个更"系统"的解决方案。

不过，不要忘了，他们已经会讲很溜的闽南话了。所以，在传教之余，牧师们循着闽南话的发音规律，尝试用拉丁字母连缀切音，创造出了简单易学的闽南白话字。

1852年，罗啻先将《约翰福音》译为闽南白话，这是最早的《圣经》闽南话书卷；同一年，他和打马字等牧师编撰的《唐话番字初学》出版，这是一本白话字教科书，也是闽南话拉丁字母的正字法学习教材。1853年，罗啻在广州出版了《翻译英华厦腔语汇》一书，帮助宣教士学习闽南话；打马字则参考杜嘉德的字典，编纂了一部《厦门音个字典》，对闽南、台湾，以及南洋等地的传教士影响极大。

闽南圣教书局旧址

  尽管牧师们的初衷是为了传教，然而在当时的中国闽南，许多目不识丁的老百姓却因此获得阅读和书写的能力。曾居住在鼓浪屿上、被称为"中国拼音之父"的卢戆章，正是在闽南白话字的基础上，创制了中国第一套完整的拼音方案。

  这些牧师们把他们一生中的黄金时光都留在了厦门，留在了鼓浪屿。他们的家人也是这样。

  1858年，罗啻牧师的第二任妻子玛丽也染病去世，安葬在鼓浪屿内厝澳宣教士墓地，这让他深受打击。在带着四个孩子回到美国后，罗啻还曾再回到厦门继续传教，直到长时间的工作令他精疲力竭。在最后一次返回美国的途中，他在船上安详去世。

  1889年，经历了在厦门42年漫长的传教生涯后，打马字牧师搭乘阿拉伯号汽轮回国，这也是他和鼓浪屿最后的告别，三年后，他病逝于新泽西。

  打马字牧师的第一任妻子娘阿比也埋葬在鼓浪屿内厝澳崎仔尾的墓

地。他们的两个女儿,被称为"清洁"姑娘和"马利亚"姑娘,在鼓浪屿创办女学,她们分别是鼓浪屿田尾妇学堂和毓德女子学校的创办者,两人都终生未婚,一直到1949年后才离开厦门。打马字牧师的第二任妻子马利亚,在鼓浪屿开设"周课"教导妇女识字,在竹树堂创办女学堂。

在这片异国土地上,为了信仰的传播,也为了这里的教育,他们平静地留下了人生的印记,也改变了很多人的生活。信仰是一种美好的东西,它是对于世界深沉的爱。

如果你漫步鼓浪屿的教堂,不经意间听到一句——哪怕是最简单的闽南口音的"LI HO"(你好),亦是来自岁月深处的回响。

你不会知道

纷纷扬扬

撒满你窗前那条小路的花瓣

是我从沙滩捡拾而来的音符

是那一夜响到天亮的遥远的船桨

是你离开之后一直没有寄回来的信笺

是岛屿的深处

我们一直在传唱的学堂回响

08 周淑安：老师的旋律里有『魔力』

汽笛鸣响，表演开始了。

为了欢迎这支美国舰队的来访，南普陀寺前的演武场，搭起了高高的牌楼，作为欢迎会的主舞台。台下人山人海，有蓝眼睛白皮肤的军官和士兵，也有威风凛凛的官老爷和留着长辫子的文人士绅。

为了表示欢迎，第一个节目竟然是由一群中国孩子演唱美国国歌。

但听到这样的节目安排，"洋人"朋友们竟似乎有些不以为然呢。

这时，领唱的小姑娘上台了，只见她眉目清秀，神情自若。音乐响起，这小姑娘还没唱几句，台下的美国士兵就傻眼了。他们的舰队司令额墨利扭头对身边的中国官员说："就是美国小孩，也很少能唱得这么好！"

一曲唱罢，台下掌声雷动。这是在1908年10月的中国厦门，美国大白舰队在这里访问一周。这样一场清政府对美外交史上的一件大事，由这个才14岁的领唱小姑娘，给出了一个漂亮的开场。

她叫周淑安，出生于鼓浪屿的一个书香门第，父亲是深受人们敬爱的基督教牧师，母亲是南洋归侨。所以，她从小有机会在中西交融的氛围里学习。而鼓浪屿，这座随时都有钢琴声飘出的小岛，也让她和音乐有了一辈子的不解之缘。

音乐教育家、合唱指挥家周淑安
（1894—1974）

不过，当时可没有现在这么多的钢琴培训班，周淑安自己在教会里学认五线谱，学弹琴和唱歌，很快就成了岛上的"音乐小童星"，直到在美国舰队欢迎仪式上大放异彩。

小童星后来成了"学霸"。1914年周淑安赴美国留学，作为中国第一批十名公费留美女学生之一。她犹如鸿雁，在世界音乐的天际间展翅翱翔。几乎每一个跟她当过同学的人都说，从来没有见过这么刻苦的人，仿佛音乐就是她的全部，她的生命。当别人在按部就班地学习，周淑安却如饥似渴地利用所有的时间，探究每一种旋律、每一个音乐家背后的文化和故事。

在美留学期间，周淑安先后在哈佛大学、新英格兰音乐学院、纽约音乐学院攻读音乐理论、钢琴与声乐等科目，取得哈佛大学艺术学士学位。她是中国现代第一位专业声乐教育家、第一位合唱女指挥家、第一位女作曲家。

1920年，当周淑安学成回到厦门，她被厦门大学聘为音乐研究员兼合唱指挥，成为厦大历史上最早的音乐教师。

正在给学生上课的周淑安

几年之后，她迁居上海。1928年，上海举办纪念舒伯特逝世100周年的合唱比赛，对于华洋杂处的上海来说，这可是一次重大的国际比赛。

由周淑安担任指挥的中西女塾合唱队，凭借声情并茂的表演，力压趾高气扬的英、法、俄、德等国家代表队，获得头奖。但有一个代表队的领队很不服气，向评委会提出异议：凭什么，凭什么你们觉得这群中国人表演舒伯特，会比我们还好？

评委当中，有一位叫作梅百器的意大利著名音乐家，他指着中西女塾合唱队，说："噢，她们的表演里有故事，难道你没有听出来吗？"

这位梅百器先生，在比赛后马上致函周淑安和她的队友，邀请她们参加上海工部局交响乐队音乐会的演出。中国人和外国人比赛演唱舒伯特的歌曲，能够拔得头筹，一时间轰动上海滩，大长中国人的志气！

不久，著名的音乐教育家肖友梅在上海创办了中国第一所音乐院——国立音乐院，周淑安被聘为声乐组主任，成为中国最早的女性声乐教育家之一。

自己所热爱的一切，总有着巨大的魔力。当了老师，周淑安居然比当学生时更努力。

除了教声乐主科外，她还主动担任合唱指挥和视唱、练耳指导。每次只要她走到台上，指挥棒一挥，合唱队成员的精神立即振奋起来，演唱效果超级完美。

也许是她把自己的"魔力"传递给了学生们吧？要做她的学生，有两个基本要求，一是吐音咬字一定要很清楚，否则就要反复不断地练习；二是要懂得探寻每一首歌曲背后的故事，她的学生，必须懂得通过音乐讲故事。

老师的严厉，曾经"逼"退了不少没有毅力的学生，然而，经她培养的学生，大都成了杰出的歌唱家、音乐家，1949年前后著名的中国声乐界四大名旦，就有三人是她的学生。著名音乐家胡然，在当周淑安学生的时候，成绩很好，但上课经常迟到。周淑安偷偷地了解之后，才知道他家境贫寒，没钱坐车，都要步行上学。于是，周淑安自己出钱给他买了一张电车季票。当时，在上海，一张电车季票的价钱，相当于一个小职员一个月的工资，而周淑安其实生活也并不宽裕。

  这些经由一个个音符传递的美好及其背后的故事，终将由我们继续谱出永不停歇的旋律。

门半掩

鸟犹豫不前

门半掩

风默默不言

雨季

风不来临

悲欣交集

日光岩

门半掩

09 弘一大师：日光岩寺里的悲欣交集

"长亭外，古道边，芳草碧连天。晚风拂柳笛声残，夕阳山外山。"

黄昏时分，站在鼓浪屿日光岩寺门口，虽然没有长亭古道，但一样的夕阳和不远处的海浪声，让弘一大师的心境骤然开阔起来。

这是他削发受戒的第18个年头了，那个风流倜傥、才华横溢的李叔同，如今已经是无数僧众与信徒敬仰的弘一大师。1936年农历五月，大师撑起一柄墨伞，独自一人沿着鼓浪屿长长的街道，一直走进日光岩寺。

弘一大师

出家人的生活并不完全是人们想象中的与世隔绝，特别是像弘一大师这样的高僧，不管他走到哪里，除了要弘法讲经之外，慕名而来的访客也常常是络绎不绝。

所以，这次选择"躲"进海边小岛的这座寺庙，对弘一大师来说，还真是一次难得的清修。在这里，他要完成自己的一些夙愿，所以他闭门谢客，除了编定一些书籍外，还手书了《金刚般若波罗蜜经》《阿弥陀经》《药师本愿功德经》三部经书，成为中国书法史和佛教史上的重要作品。

民国时期的鼓浪屿日光岩旧照

当然，虽说闭门谢客，一些重要客人还是得见一见的。

这一天，眼前这个眉清目秀、虔诚好学的13岁少年，就让弘一大师觉得特别有眼缘。从少年的眼中，修为深厚的大师看到的是带有一丝青春稚气的赤诚。他愉快地收下了少年手中那一株作为拜师礼的水仙花。

这位少年，俗家名字唤作李芳远，是时任鼓浪屿中山图书馆馆长李汉青的儿子。既拜入大师门下，那他也就算是一个"小沙弥"了。

从此，小沙弥的心里对弘一大师有了一种特别的牵挂。1937年7月抗日战争爆发后，厦门也一样风声鹤唳，弘一大师移居厦门万石岩。当时厦门战云密布，敌机、敌舰常来骚扰。弟子们常为弘一大师的安危而焦虑，劝请其避入内地。弘一大师却说"为护法故，不怕炮弹"，并自题所居为"殉教堂"，表明自己誓与危城共存亡的决心。

第二年，卢沟桥事变爆发。有一天，弘一大师收到一封信，正是小沙弥李芳远写的。原来，小沙弥已经随家人迁回泉州永春了，心里却记挂弘一大师的安危，写信劝师父，还是移居内地，以策安全。没想到，弘一大师回信说，他已决定仍居住在厦门，为诸寺院护法，倘遇变乱，

051

愿以身殉法！

　　弘一大师曾感时伤乱，思绪万千，毅然应邀编撰了《厦门市第一届运动大会会歌》："禾山苍苍、鹭水荡荡……健儿身手，各显所长，大家图自强……请大家……切莫再彷徨……把国事担当……为民族争光。"歌曲激昂奋发，洋溢着爱国主义激情，鼓舞全市民众投身抗日救亡运动。

　　在厦门即将沦陷前的1938年4月的某一天，日寇舰队司令西岗茂泰登岸寻访弘一大师，并要求大师用日语对话（弘一大师青年时曾留学日本，精通日语），弘一大师坚持"在华言华"而拒之。弘一大师直面强敌，大义凛然地说道："出家人宠辱皆忘，敝国虽穷，爱之弥

《厦门市第一届运动大会会歌》曲谱

笃！尤不愿在板荡时离去，纵以身殉，在所不惜。"虽只简短数语，却浸透着大师的人格力量，维护了中国人的尊严。

　　1938年5月，日军攻陷厦门，小沙弥听到这个消息之后更加焦虑不安，居然冒着危险到处察访弘一大师的踪迹。直到弘一大师从漳州南山寺给他寄信来报平安，他才放下心来。

一老一少，书信往来，对于小沙弥来说，每一封信，都是人生成长至为珍贵的"教材"。然而，有一天，他居然对自己的老师"发难"了。

话说时间到了1938年冬，弘一大师在泉州说法，泉州各界安排了各种会客活动、斋宴等，把大师的档期排得满满的。报纸也"追星"一样地报道弘一大师的各项社会活动，引为盛事。然而，之后有人再邀请弘一大师赴宴时，却被他婉言谢绝了。

原来，在弘一大师的案头，压着一封让他看完惭愧不已的信。几天后，大师在泉州承天寺佛教养正院的"同学会"上演讲，提到了这封信，并公开表示"忏悔"，接下来，他要以十分坚决的心谢绝宴会和活动。

写信的，正是时年不过15岁的李芳远。和那些"追星"或者各有用意的大人不同，少年的眼睛里只有一种纯粹。他像剪报一样，列举了这段时间有关弘一大师忙于世俗应酬的报道，信的最后写道：您都快变成一个"应酬和尚"了，劝请您闭门静修吧！

弘一大师认认真真地回了一封信，再次表示自己非常惭愧："自明日起，当即遵命，闭门静修，摒弃一切。"

那段时间，很多人到处打听这位少年是何许人也，而15岁少年劝诫一代高僧的事情，也传为了一时佳话。

时局动荡，师徒二人难得见上一面。1940年的秋天，大师弘法路过泉州永春，李芳远得到消息之后，一大早就来到渡口等候。

在微凉的细雨中，弘一大师乘船而来，待船靠近，大师双手合十，诵了一声"阿弥陀佛"。这声音清冷轻快，让李芳远一时全身发抖，百感交集。

看到弘一大师消瘦的模样，李芳远不免心酸，便问："老师，何时会再来？"大师轻轻答道："来年机缘成熟，就会重来。"顿了一顿，弘一大师又反问一句——"你，送我到哪里呢？"

李芳远的眼泪一下子掉了下来。这是师徒二人的最后一面。

两年后，弘一大师病逝。而李芳远的一生，随着时局而跌宕，他曾因为反美、反饥饿被国民党逮捕入狱，也曾在"反右"运动中蒙冤整整21年，但在人们的印象中，无论境遇如何，这个人始终显出的是一种淡然而无畏的神情。

让我们回到1936年的农历五月，来到日光岩寺的弘一大师，在他的脸上，我们也一定能够看到这样的神情。曾阅尽人世繁华的弘一大师，以抱病之躯，从泉州辗转到南普陀，再决定上鼓浪屿，驻锡在日光岩寺，一路坎坷，难以尽数。

山河破碎风雨飘摇，但对于一位修行者来说，当此乱世，要修的不只是自己，更应去消解尘世的纷扰，留存最宝贵的印迹，或许，这也正是修成人生境界的一段不可多得的心路历程。

我们都记得弘一大师晚年最著名的书法作品——《悲欣交集》。我们深爱的这个世界，总是充满未知，或是温暖，或是残酷，就看我们用怎样的眼光去观照自己，看待周遭。

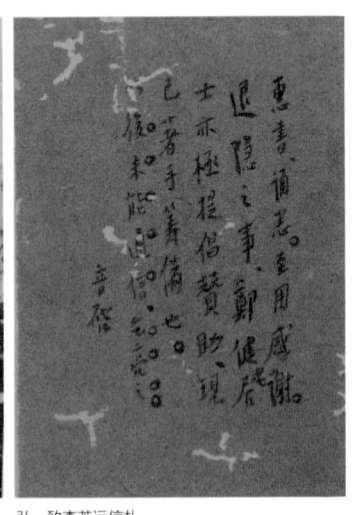

弘一大师全身像　　　弘一致李芳远信札

一个浅浅的笑意

抑在流泪的心底

没有人知道

我站在门外

我一直站在门外

就如同故乡那一棵枣树

和思乡的另一棵枣树

10 鲁迅与许广平的『两地书』

生命的精彩不论长短，值得铭记的片刻也与停留时间的长度无关。

这是1926年的秋天，鲁迅应林语堂之邀，来到厦门大学任教。由此，鲁迅有了这短短100多天与厦门的交集，虽然短暂，但对鲁迅以及厦门来说都具有特殊的意义。

那时在北京，鲁迅除了在教育部任职，也写小说和杂文。1920年，鲁迅接受了北大校长蔡元培的邀约，成为一位大学教师，1923年起在北京女子师范大学（原名北京女子高等师范学校）做兼课讲师，每周讲授一次中国小说史，鲁迅与许广平便是在女师大相识与相爱的。

但北京之于鲁迅，有令人窒息的"女师大风潮"和"三一八惨案"，还有来自传统家庭的责任与桎梏，更有对于爱情的向往与对新生活的期待。

这次南下从某种角度而言，于彼时成了某种必然的选择。那时候鲁迅与许广平的爱情刚刚萌芽，两人在上海的码头依依惜别，相约分头工作两年，鲁迅来了厦门，许广平去了广州。

1926年9月到1927年1月间，许广平在广州，鲁迅在厦门任教。这四个多月里40多封频繁的通信，平均每三天就有一封，字里行间，见证他们这份朴实真诚且愈显眷恋与深情的爱。

他给许广平起了一个代号，叫作"HM"，其实就是"害马"的拼音首字母。所谓"害马"，当然是"害群之马"，起这个代号是因为"女师大风潮"事件中，许广平等六人被开除的公告中称："开除学籍，即令出校，以免害群。"

由此"害马"便成了鲁迅对许广平的调侃与昵称。而许广平却称鲁迅为"嫩弟",可见世人眼中眉头深锁的大先生,在爱情里也有了温存柔软、热烈而又颇具童真的模样。

  鲁迅九月四日到厦门,至十四日方得许广平两信,"高兴极了"。许广平去了三信,只收到一信,猜测鲁迅途中是否感冒。关怀之情,溢于纸上。于是鲁迅在信中事无巨细向心爱的人一一报告;而许广平接到鲁迅的信,也总是"欢喜的读着",接收他的牢骚,苦闷,温柔地为之安慰排解。她说,"你有闷气,尽管向我发,但愿不要闷在心里就好了"。

  写信是两人最乐于做的事情,彼此都急于将自己身边烦杂事务及所思所想告诉对方,鲁迅常写至深夜,有一次夜里三点钟起来写信。许广平在给别人的信刚写了个开头,忽而想起鲁迅,便另拿起一纸来写。常常等不及收到回信,便又再写,而回信又好几天才收到,所以彼此信的开头便是"某日的信收到了吧,我已收到你某日来的信"等琐碎的话,让对方放心。

  鲁迅致许广平:"我在船上时,看见后面有一只轮船,总是不远不近地走着,我疑心是广大。不知你在船中,可看见前面有一只船否?倘看见,那我所悬拟的便不错了……此地背山面海,风景绝佳,白天虽暖——约八十七八度——夜却凉。四面几无人家,离市面约有十里,要静养倒好的……我写此信时,你还在船上,但我当于明天发出,则你一到校,此信也就到了。你到校后,望即见告,那时再写较详细的情形罢,因为现在初到,还不知道什么。"

  许广平致鲁迅:"现只我一人在房,我想遇有机会,想说什么就写什么,管它多少,待到岸即投入邮筒……本来你昨晚下船没有,走后情形如何,我都不知道,晚间妹妹们又领我上街闲走,但总是蓦地一件事压上心头,十分不自在,我因想,此别以后的日子,不知怎么样?下午四时船经过厦门,我注意看看,不过茫茫的水天一色,厦门在哪里!?"

许广平在信中问:"先生,有什么法子能在苦药中加点糖分,令人不觉得苦辛?而且有了糖分之后是否即绝对不苦?先生,你能否……给我一个真切明白的指引?"

鲁迅回信说:"总结起来,我自己对于苦闷的办法,是专与苦痛捣乱,将无赖手段当作胜利,硬唱凯歌,算是乐趣,这或者就是糖吧。但临末也还是归结到'没有法子',这真是没有法子!"

两个人的信件,诉说着分别后的思念,也谈学校、社会、人生、思想,调侃着生活里的日常琐事。比如有一次,鲁迅下完课,就写信跟许广平说,最近来听他讲课的学生多起来了,还有五名女生呢,不过,他则决定"目不邪视"。

没想到,许广平回了他一句:你这个老先生吧,真是"孩子气"十足,"邪视"有什么要紧,再说,你虽然不"邪视",说不定经常冷不提防地瞪人家一眼罢![1]

那时的厦大四周少人烟,鲁迅每天都要去邮政代办所看看有没有广州的来信,他暗自数过,从住处至邮政所的距离大约80步。邮政所内外各有一个邮筒,有一次他半夜去给许广平寄信,把信投在外面的邮筒里,回来后想起邮政所的伙计是新换的,而且满脸呆气,便不放心,第二天

---

[1] 鲁迅、景宋:《两地书》,人民文学出版社,2006年。

鲁迅、许广平与友人合影

又写了一封信，投到所内的邮筒里。鲁迅常半夜翻过栅栏将信投入所外的邮筒中，此举被许广平褒为"傻气的傻子"，命令他不准半夜去投信，怕有危险。鲁迅乖乖妥协，说：此刻已经夜一时了，本来还可以投到所外的箱子里去，但既有"命令"，就待至明晨罢，真是可恨，"我着实为难"。鲁迅心底里是愿意被这种看似训斥的爱包围的，妥协也妥协得温存欢喜。这时候的鲁迅，百炼钢早已化为绕指柔。

秋高气爽的日子，鲁迅约三五同事去爬山。山上有一片乱坟场，鲁迅竟然找到一块刻有"许"字的墓碑，并想法子将"许"字涂成深色，然后斜倚着这块墓碑拍了一张照片。这位不苟言笑的大先生有时候幼稚起来也真是有趣，难怪他俩书信中也常有"小白象"与"小刺猬"等"萌萌哒"的昵称。

他们在信中似乎有永远聊不完的话题。比如，他告诉她，这里的羊好奇怪，居然是黑的呢；她又教他，为了不让蚂蚁偷吃白糖，可以使用"四面围水"的方法；有时，他会很不爽地跟她说，现在煤价每吨升到了二十元，再下去该吃土了……

059

鲁迅还在信中向许广平描述厦门的一种植物，说："在厦门，那里有一种树，叫做相思树，是到处生着的。有一天，我看见一只猪在啃相思树的叶子。我觉得相思树的叶子是不该给猪啃的，于是便和猪决斗。恰好这时候，一个同事的教员来了。他笑着问：'哈哈，你怎么同猪决斗起来了？'我答：'老兄，这话不便告诉你。'……"

鲁迅在南普陀的留影（摄于1927年）

有人说，这个世界唯有爱与美食不可辜负，"食物"也是二人信件中经常提及的话题。到厦门大学当教授的那几个月，鲁迅对厦大的伙食一直都不满意。鲁迅在致许广平的信中说："校内的饭菜是不能吃的，我们合雇了一个厨子，每月工钱十元，每人饭菜钱十元，但仍然淡而无味。"许广平给鲁迅回信说："看你在厦大，学生少，又属草创，事多而趣少，如何是好？菜淡不能加盐么？胡椒多吃也不是办法，买罐头补助不好么？火腿总有地方买，不能做来吃么？万勿省钱为要！！！"对话里也如普通情侣般充满对对方日常种种的关切。

还好鲁迅好朋友林语堂的太太廖翠凤做得一手好菜，总是热情邀请鲁迅、孙伏园等人到鼓浪屿家中做客。一道色香味美的"焖鸡"成了先生们的"心水"之选，据说林家筵席上还有红烧猪脚、清蒸螃蟹、炖鳗鱼、厦门咸饭、炒米粉、卤面、猪肝面线、薄饼等等。

好在大先生还爱吃福建的香蕉和柚子，他说，"我在此常吃香蕉，柚子，都很好"；先生还很爱吃厦门的点心，说很好吃，可惜不能放过夜。

在鲁迅先生生命中短暂的与厦门100多天的交集中，让我们有机会从《两地书》中读到了鲁迅的另一面，一个让人觉得更加生动、柔软、热烈而又亲切的大先生。

正如他所说的："使一个人的有限的生命，更加有效，也即等于延长了人的生命。"

轰雷的巨响

终于

震醒了麻木的悲哀

万籁俱寂

世界在一片混沌之中

与我隔开

伸张你开裂的巨手

从地之尽头

高高擎起

如一株参天大树

大海　是你的战队

11 郑成功：没有什么随随便便的『成功』

郑成功原名郑森，又名福松，字明俨，泉州南安人，明天启四年（1624）生于日本。其父郑芝龙早年荡迹东瀛，娶日本女子田川氏为妻，以商养军，击溃整编了周围的多个海寇集团，成为厦门湾最大的海商与最强的军事力量。后来，郑芝龙接受了明朝的招安，被任命为福建总兵，率领着明朝水师将国际海盗们阻挡在了国门之外。

郑成功画像

郑成功7岁时回国，15岁进县学，21岁到南京进国子监读书，拜虞山钱谦益为师。隆武帝即位于福州，赐其姓朱，改名成功，封忠孝伯，时称"国姓爷"。

1646年其父郑芝龙撤仙霞关守兵，纵清军入闽，福建陷落，隆武帝出走败亡。清军攻泉州，郑芝龙不顾劝阻投降清廷，郑成功的母亲田川氏被辱自杀。郑成功悲痛万分，在南安老家，他燃起一把大火烧掉了自己的儒服，收拢父亲的残部，以厦门为根据地，一面操练水军抗击清军，一面打起"背父报国"的大旗走上了抗清武装斗争的征途。

1650年，他用计杀死盘踞厦门横征暴敛的军阀郑联，收编其军队。1653年，郑成功大败清兵于海澄（今龙海市），不久被封为延平王。1655年,他已拥有兵力十多万人,遂以厦门为基地建立抗清政权。东南海上群雄,都归从他约束。他和西南的永历政权也取得了联系,永历帝先后封他为威远侯和漳国公。他在厦门设立六官,即兵官、吏官、礼官、刑官、户官、工官,处理军政大事,还设立察言司、储贤馆、育胄馆等机构。东南沿海的抗清志士都纷纷投奔他。

1655年,为了抗清复明,郑成功将中左所(厦门岛)改为"思明州",寄予与表达了其对明朝的思念。而刚刚建立的清廷政府则利用其父郑芝龙劝降,一方面以封官赐地为诱饵,另一方面以重兵临境相威胁,并且用郑芝龙及其家眷的生死存亡相要挟,软硬兼施,屡次遣使招抚,均遭拒绝。

1658年,郑成功已建立一支拥有数百只战船和数十万兵力、纪律严明、战斗力强的军队。这支军队屡次在闽粤江浙一带击败清军,声威大震,并逐渐控制北至浙江舟山、南至广东南澳的沿海地区。

时年,郑成功在厦门修筑演武亭,精选良将锐卒,整编部属,筹集粮饷。为争取民援、提高战斗力,他一再严申军纪,下令全体官兵除沿途取粮外,不许奸淫掳掠,不许抓夫屠畜、抢劫等,倘有违令者,枭首示众,将领株连。郑成功在厦门营建了洪本部、水仙宫、高崎以及五通等众多码头,又创立了"五商",包括海路五商和陆路五商,合称"十行",而其中海路的总部就在厦门。在经过长期准备之后,郑成功统率雄兵十余万,大小战船数千艘,联合鲁王部将张煌言的抗清队伍,浩浩荡荡,自厦门誓师北伐。北伐军迅速攻破浙江温州,沿途清军守将纷纷投降。翌年元月,北伐军势如破竹,打进长江口,攻克镇江、瓜州,包围南京城。清廷震动。旋因孤军深入,兵败退回厦门。1660年,清廷乘其南京新败,喘息未定,派遣达素为大将军,调集三省兵力,集中进攻厦门,企图一举消灭其抗清力量。他奋起反击,大败清军,守住了厦门。他认真总结北伐失败的教训，一面整编军队，操练将士，一面征集粮饷，修理船只、制造武器弹药，只待时机成熟便立即向台湾进发。

当你经过鼓浪屿日光岩的"博饼"雕像时，有人会跟你介绍，这里就是当年中秋佳节，郑成功的将士们按照厦门的民俗，玩着骰子，排解着孤守海岛的寂寞和对家人深深的思念。据传说，每到这个时候，郑成功会带上他的部将端着酒菜和月饼来看望兵士们，向他们敬酒，一醉方休，热泪盈眶。

有兵士问他："将军，我们这样日复一日地操练，难道，就永远在这座小岛上这样下去吗？"郑成功放下酒樽，望着大海，朗声说道："各位将士，你们看海的那一边，有一片陆地等着我们去征服，众位大好男儿，当劈波斩浪，待我们的战旗插上那里，那里便是日后的安身立命所在！到那时，你们的父母，你们的妻儿，将在那里共建乐土！"

一言既出，群情激奋，欢呼声盖过了滚滚涛声。

1661年4月的一天，在凛冽的海风中，号角吹响，数百艘战船，25000名精兵，自金门料罗湾出发，向台湾进军！郑家将士们分乘战船百余艘，经澎湖湾，在鹿耳门禾寮港（位于今台南市）登陆，连败荷军，后又击败荷兰东印度公司派遣的援军。盘踞台湾城的侵略军企图负隅顽抗，郑成功在该城周围修筑土台，围困敌军八个月之后，下令向台湾城发起强攻并成功收复。这场战争结束了荷兰东印度公司在中国台湾的经营，从此，被荷兰侵略38年之久的台湾回归祖国的怀抱。

当你漫步在鼓浪屿的皓月园中，如果恰逢皓月当空，月光映在园中巨大的郑成功与部将的群雕上，恍若依然能听到从不远处传来的奔涌的涛声，正似千军万马滚滚而来。

有人说郑成功此生的任务就是来收复台湾的。1624年，荷兰殖民者侵占台湾，同年郑成功出生。而38年后的1662年，郑成功将荷兰殖民者从台湾驱逐出去，使台湾重回祖国怀抱。然而，他却因为呕心沥血、积劳成疾而英年早逝，终年仅38岁。

据说，临死之前，郑成功告诉身边人，一是遗憾，二是无憾。遗憾的是，还有很多事情没来得及做；无憾的是，他可以坦然地去见自己的母亲了。

当你站在鹭江海岸，可以看到鼓浪屿上的郑成功雕像依然英姿勃发地矗立着，他身披甲胄、左手按剑、面朝大海、气势如虹，仿若还在指挥与操练着一支庞大的海军，守护着中国的海岸线。

每年都有好几个台风被预告会"光临"厦门，可是大多时候，这些台风不管多么气势汹汹，快到厦门时都会神奇地绕道而走，风平浪静。这里的人都说，就是因为日光岩上有收复了台湾的郑成功爷爷镇守，一般的台风才不敢轻易来犯。虽然偶尔也有一两次"失手"，但在台风多发的沿海地带，如此低的概率，绝对算得上一种奇迹了。

立于鼓浪屿海滨的郑成功雕像

其实并没有风景

你站在这里很久很久了

风依旧沉默

树依旧沉默

小岛的故事如烟无梦

唯一传唱的

是你藏海的花园里

那只飞过板桥的蝙蝠

12 菽庄花园主人林尔嘉：一杯敬朝阳，一杯敬乡愁

20世纪20年代的一个早晨，鼓浪屿菽庄花园的主人林尔嘉匆匆忙忙地穿过他建了"一半"的这座私家花园，有一件事情让他忍无可忍，他决定要出手。

原来，菽庄花园的隔壁是厦门海关税务司的官邸，几年前他开始建园子时，税务司就觉得"挡"了他们的路，百般阻挠。现在，新上任的税务司负责人、一个叫夏礼威的洋人，居然让人把菽庄花园的小石桥给拆了！

林尔嘉一怒之下，把邻居告上了法庭。

可是，当时的中国官员一碰到外国人的案子就气短三分，这让林尔嘉更加气愤。这一天，他亲笔起草了一份《为菽庄石桥被毁及私权横受侵害事谨告同胞书》，罗列了税务司的所作所为，呼吁社会各界人士共同声讨洋人的违法行为。

身为鼓浪屿工部局华人董事的林尔嘉，在当时的鼓浪屿颇具声望，可以说是一呼百应。果然，呼吁一出，舆论四起，原本盛气凌人的税务司这才发现这位小个子华人不是吃素的，只好托了工部局洋人董事来调解，并赔礼道歉。

林尔嘉

这是当年鼓浪屿一出华人告倒洋人的大戏，大快人心。这座源起于一个家族浓浓乡愁的菽庄花园，也因此能

够继续建造，保留至今，供我们来"消愁"。

花园里那一条有无敌海景的"四十四桥"，它在林尔嘉44岁生日那一年建成。当年，最经常在这座桥上漫步的人，不是游客，不是行人，而是和他一样，喜欢赏菊、吟诗的诗人。

林尔嘉的祖先早年间垦殖台湾，富甲一方，在台湾板桥建有一座著名的林家花园。然而，甲午战争后，台湾被日本占据，他和父亲愤慨于国土沦丧，放弃在台湾的庞大产业，背井离乡，全家迁居鼓浪屿。

1 板桥林家内渡鼓浪屿后合影
2 民国时期的菽庄花园
3 林尔嘉先生组织的菽庄吟社成员在菽庄花园相聚

1	
2	3

来到这里之后，林家仗义疏财，是鼓浪屿和厦门市政建设的主要支持和捐助者。而菽庄花园，正是仿照台湾板桥林家花园布局所建，寄托着的，是林家人对故土浓浓的思念之情。

069

上图：林尔嘉、龚云环夫妇
下图：林尔嘉宴请外国友人

  在菽庄花园建成的第二年，林尔嘉便组织了一个诗社，叫作"菽庄吟社"。

  话说这一年的重阳佳节，菊花开得特别香，而菽庄花园也格外地热闹。鼓浪屿上的人奔走相告：林尔嘉先生要"买诗啦"——

  消息传出，各路人马都纷纷跑来，只见菽庄花园摆了数千盆菊花，姿态各异，争奇斗艳。主人说：重阳节前后这几日啊，花不仅可以赏，还可以带走，请看，我们这里有一个"买诗店"！游戏规则很简单，不管是谁，只要投诗一首，就可以自己挑一枝最喜欢的花带走，多写多得，反正"以菊换诗诗换菊"，花是管够的。

这一下，人们可真来劲儿了，花园里供应笔墨纸砚，一堆人摇头晃脑，吟诗作对，不管平仄押韵，但求表达心中所想，诗声四起，其乐融融。

这样的公众活动只是一个"外壳"，真正的"菽庄吟社"，是由林尔嘉精心组织的一群南方诗人组成，后来成员达到近千人。其中有不少是到厦门的台湾诗人，或者是到过台湾的闽南诗人，他们和林尔嘉心有灵犀，他们举杯邀明月，吟唱的都是对故园的怀念和对河山光复的期盼。

"满天风雨夜麇诗""冷看风涛变幻新"，没有经历过战争和离家的人们，无法真正体会这些诗中的悲愤和期待。这些诗，从菽庄吟社成立，一直到抗战胜利、林尔嘉先生故去，在鼓浪屿吟咏飘荡，成为当年中国文坛的独特印记。

如今我们依旧沿着曲曲折折的小桥，穿行在菽庄花园里，是否还能与这样的"乡愁"不期而遇呢？

很多人在笑

空气令人窒息

我无法逃脱

也不能坠入梦里

夜真长呵

南方的不分四季的梦

13 巴金的『南国之梦』：我终将成为我想要成为的那个『我』

梦还是梦魇？巴金从闷得令人透不过气来的梦中挣扎醒来，"鼓浪屿"这个地方冲破梦的网，搅动了窒闷的空气。他记起了那个日光岩下的岛屿，记起一些那里的景象和住在那里的朋友，也记起了自己常常说到的"南国的梦"。

几年前，他陆续去了三次鼓浪屿，深深地陶醉于南国的梦中，也总想念和他一起在岛上的那些朋友。

1930年，一个略带寒意的秋天，巴金和一位朋友一起来到厦门，就住在鼓浪屿一家酒店三楼的临海的房间。傍晚，他又约了另外几个朋友，这里面，有毛一波、张履谦、王鲁彦、林憾庐等，当时，他们在厦门的《民钟日报》《国民日报》当编辑。他们站在露台上，靠着栏杆，激动地谈论改造社会的雄图。这时，窄小的房间似乎容不下这几个年轻的人和几颗年轻的心。

巴金不禁扭头向外面望去。

青年时期的巴金

窗下展开一片黑暗的海水。水上闪动着灯光，飘荡着小船。头上是一天灿烂的明星。天没有边际，海也是。在这样伟大的背景里，我们的心因为这热烈的谈论而无法安静下来。

073

终于，他们抑制不住满腔的热情，匆匆地跑下码头，雇了划子^①到厦门去拜访朋友。

划子在海上漂动，海是这样地大，天幕简直把我们包围在里面了。坐在小小划子里的我们应该觉得自己是如何的渺小罢。可是我们当时并没有这样的感觉。我一直昂起头看天空，星子是那样的多，它们一明一亮，似乎在眨眼，似乎在对我说话。我仿佛认识它们，我仿佛了解它们的语言。我把我的心放在星星的世界中间。我做着将来的梦。

这便是巴金"南国的梦"的开始。他在鼓浪屿住了三天，三天后的一个早晨，他坐划子把行李搬到厦门去，之后搭汽车离开。

但从此，鼓浪屿经常出现在巴金的梦中：美丽的、曲折的马路，精致的、各种颜色的房屋，庭院里开着的各种颜色的花，永远是茂盛且葱郁的榕树……在巴金的心中，他喜欢这种南方的使人容易变为年轻的空气。

厦鼓全景（摄于20世纪30年代）　　鼓浪屿海岸风光（摄于20世纪30年代）

---

① 用桨拨水行驶的小船。

两年后的春天，那时"一·二八"淞沪抗战刚刚结束，巴金搬出留在上海闸北的余物，寄放在亲戚的家中，和一个年轻的友人结伴，又进行了一次"南国的旅行"。

再一次来到鼓浪屿，两年的分别，他没有看出这座小岛有什么改变。他和年轻朋友在岛上没有汽车、电车的马路上散步，沿着蜿蜒的路走上山去，在有马来人守门的花园里，坐在石凳上毫无顾忌地谈着种种事情。但是天公不作美，下起了瓢泼大雨。傍晚，他们不得不冒着大雨，回到厦门的住处去，第二天一早他们动身前往一个古城，就这样，匆匆地告别了鼓浪屿。

一个多月以后，他游历了广东乡村，回程再次路过鼓浪屿，这一次，他们的船停在海中，在开船前的六七个小时，两个朋友从古城赶到了。

> 我们三个人坐划子到那个美丽的岛屿去。这一次我们攀登了日光岩。在最高的峰顶上眺望美丽的海。我们剥着花生，剥着荔枝，慢慢地吃着，慢慢地把荔枝皮和花生壳抛到下面海滩上去。我们听着风声，听着海水击岸的轻微的声音。我们畅谈着南国的梦。我们整整谈了两个钟头，我们愉快地笑着。我的眼前尽是明亮的阳光和明亮的绿树。在这个花与树、海水与阳光的土地上我们做了两小时的南国的梦。但是吃过中饭我应该回轮船去了。

而那位三次都没有见着的南国友人，是他们早年间共同认识的好友。这是一个倔强的人，生计所迫，听说是操劳过度，已然是生了病，所以总是缺席。

这确实让巴金相当惦念。虽自己手头也不宽裕，但在最后一次离开鼓浪屿前，他还是托人，把自己的一部分积蓄转交这位朋友，希望他能够好好治病。

抗战爆发了,巴金日思夜想的厦门,他的鼓浪屿,他的"南国",也落入了日本人的铁蹄之下。

从报纸上得知这个消息时,巴金忍不住心痛如绞。他铺开稿纸,写下了一篇流传后世的名作——《南国的梦》。

> 现在鼓浪屿骚动起来了。铁骑踏进了花与树、海水与阳光的土地,那个培养着我的南国的梦的地方在敌人的蹂躏下发出了呻吟……然而使我激动的是行动的时刻到了。鼓浪屿的骚动一定会引起更大的事变。铁骑深入闽南的事情是可以想到的。敌人也许不会了解,但是我更明白,倘使敌人果然深入肥沃的闽南的土地的话,那么在那里得到的一定不会是胜利,而是死亡。那时我的南国的梦中最奇丽的一景便会出现了……我怀念着南国的梦中的友人,我为他们祝福。

在写完这篇文章之后不久,消息传来,他曾经资助的那位生病的南国友人,这个倔强的人啊,把那笔款子用来帮助一个贫苦的学生,自己抱病参加抗战,牺牲在战场上。

这段往事,这些南国的"梦",在巴金许多作品里反复出现。这些年轻时的朋友,也成了他小说里诸多人物的原型——倔强的、坚忍的、不轻易被这世界打败的。

"不只一次,我在日光岩下的岛上看过七颗永不会坠落的星。"

巴金晚年的作品集《随想录》,是中国知识分子文学思想的一座高峰,反思过去,直面真理。而巴金之所以成为后来的"巴金",说不定,也可以从他最钟爱的这些梦、这些回忆中去探寻。

老年时期的巴金

想想，怎样的梦境，可以让我们不断去探寻，而我终将成为想要成为的那个"我"？

似烟似雾

似水

千万不要冻结成冰

你在我的窗前

晃动

大海

在天空

舞动

都说鼓浪屿是一个融汇中西的地方，百年前的鼓浪屿在医疗、文学、教育、音乐等领域都位于全国前列。这里走出过林巧稚、周淑安、林语堂等名人，打马字牧师和郁约翰牧师也在这里奏响了他们人生中的辉煌篇章。从这里走出去的人，似乎都带着一种神奇的影响力，感染着周边的人。

徐悲鸿、张大千、吴作人、黄宾虹、关山月都是大家耳熟能详的艺术"大咖"，拥有这等群星璀璨朋友圈的，是一个老外，他叫迈克尔·苏立文，来自加拿大。一个在抗战时期，因满腔热血要上战场救援的青年，最后却走上了艺术的道路。

这一切要从他的鼓浪屿夫人——吴环说起。

在20世纪40年代的重庆，这个叫迈克尔·苏立文的

苏立文和吴环的合影

14 苏立文和吴环：让中国艺术惊艳世界的『马可·波罗』

加拿大青年和他来自鼓浪屿的太太，因缘际会，和这些艺术家成了好友。他们用自己一生的热爱，将中国的当代艺术带上了国际舞台。

苏立文从剑桥大学学完建筑学时，正值中国的抗战爆发，作为热血青年的他加入了国际红十字会的救援行动，来到重庆的协和医学院救助受伤或生病的中国士兵。

苏立文和吴环在重庆相遇。人们经常看到这个高高瘦瘦的"老外"，下了班以后，就急匆匆地骑着一辆自行车，穿过九眼桥去往三官塘，他是去和一个美丽的中国女孩约会。

女孩儿叫作吴环，她刚从菲律宾一所大学毕业，来到重庆教书。这个出生于中国南方小岛的姑娘，从小受鼓浪屿文化熏陶，对艺术情有独钟，有一种独特的恬静和文艺的气质。在苏立文看来，吴环简直就是他的缪斯。

有一次，吴环跟苏立文说：你在协和医学院工作，我小时候在鼓浪

吴环与张大千　　　　　　　　苏立文与张大千

屿经常去协和礼拜堂,不只是因为我喜欢听圣歌,那里的雕塑、绘画和艺术,才是我最爱的。

热爱艺术的吴环,把本打算接下来扛枪上战场的苏立文,带进了另外一个"世界"。

吴环不仅好客,而且心灵手巧,艺术家们也都住在她学校附近,为了喝她煮的茶、吃她做的点心,艺术家们主动和她成了好友,而一开始帮着打下手的苏立文,也跟他们打成了一片。

抗战胜利后,在中国西南避难的各所大学纷纷解散,吴环的艺术家好友们开始各奔东西。而这时,苏立文夫妇也做了他们人生中的另一个重要决定——去英国继续学习和研究艺术史,同时把他们对中国当代艺术的真实感悟介绍到西方。

这可不是一件轻松愉快的事情。

在当时的世界艺术研究领域,很多西方人不了解、也不看好中国当代艺术——甚至有人说,这个天天打仗的国家还能有什么艺术,还能有什么艺术家吗?

苏立文就是在这样的境遇下,开始了他向西方推介中国当代艺术的"破冰之旅"。苏立文数十年如一日,最终成为20世纪第一个系统地、排除"西方中心主义"视角,向世界介绍中国当代美术的西方人。他把自己的那些中国朋友,带上了国际艺术舞台,不断地惊艳着世界。

因为有这样的成就,苏立文被称为"20世纪美术领域的马可·波罗"。

有人曾经这样评价他:"因为斯诺,西方认识了中国革命;因为苏立文,西方认识了中国美术。"

在开始时最清苦的日子里,苏立文的鼓浪屿太太吴环,成为他最坚强的后盾。

苏立文

没有吴环，苏立文不会踏入中国艺术界，去营造如此"豪华"的艺术朋友圈；没有吴环的支持，他的研究也很难顺利进行——两个人刚到英国的时候，是吴环靠着教授中文获得微薄薪酬维持家用，让丈夫心无旁骛地去开展他的事业。

因为多年以来的操劳，吴环的健康状况一直不好。对于她来说，最感安慰的时刻，就是那些画家老朋友，历尽千辛万苦越洋而来的问候和感谢，这让她想起，在中国西南那一段如梦如幻的岁月。

2000年，中国北京，一个星级酒店里，一场高级别的世界艺术论坛刚刚结束。突然，一位白发苍苍的外国老先生从房间里冲出来，逢人就问：

"请问有没有见到我的太太？"

热心的人们围了过来，才发现，这位老先生不就是今天刚发表完演说的苏立文先生吗？可是，这时候的他已褪去专家的外衣，只是一个无助、焦急的老人，在近乎疯狂地寻找着自己的妻子。

听了苏立文的讲述，几乎整个酒店的人都动员起来了。原来，他的中国妻子吴环患上了老年痴呆症，离开房间前，他反复交代妻子千万不要乱跑，然而，就几个小时的工夫，吴环独自一人离开了房间，天知道，她去了哪里!

还好,经过"地毯式"的搜索,有人在离酒店不远的街边拐角处找到了一脸茫然的老太太。

重新看到妻子的那一刻,苏立文高兴得像个孩子,紧紧地把妻子拥在怀里,久久不肯松开。三年后,吴环离世,此后的十年,苏立文继续孤独地开展他的中国艺术之旅,孜孜不倦。他去世前立下遗嘱,他的所有收藏,以夫妻共同的名义,全部捐赠给牛津大学博物馆。

苏立文与吴环

苏立文先后出版了三部关于中国美术史研究的著述(均由上海人民出版社出版):《20世纪中国艺术与艺术家》《中国艺术史》和《东西方艺术的交会》。在每本书的环衬上,都写有"献给环"的字样,这也许是他纪念妻子吴环的特别方式。

一首歌

于水底沉默

不断地冒着水泡

你静下心来

你静下心

来

15 张圣才：比《潜伏》更传奇的潜伏

1945年的一天，重庆，军统头子戴笠坐在自己的办公桌前，用鹰隼般的目光盯着眼前这一位刚刚从菲律宾回国、被称为"张天师"的清瘦青年。

这个年轻人不简单——张圣才，出生在厦门鼓浪屿上的一个基督教家庭，一直到20世纪30年代初还和共产党在鼓浪屿彩屏巷的一个地下支部有来往。此后，他在上海组织了"中国生产革命党"，而后"闽变"时又参加了"生产人民党"，该党主张"生产革命论"，想通过发展生产力来改变社会。

后"闽变"失败，他因为参与救国会的活动被捕。出狱之后他回到厦门，仍然活跃于抗日救亡和社会救济的活动中。随着中央军入闽，奉行军事独裁政治体制的国民党直接控制了福建，厦门也从闽系

张圣才（摄于1946年）

海军传统的势力范围，变成国民党各个派系争夺的地盘。在这种复杂的政治环境中，他一再被捕。后来，按照只参加对日的情报工作、不介入国内国共斗争的条件，他参加了军统，此后主要在菲律宾进行对日情报活动，并做出了一定的贡献。

当然，军统对于这个"双面间谍"的另一面是完全没有察觉的，反而因为其在菲律宾抗日情报工作中的卓越表现，获得国民政府的胜利勋章，并晋升"少将"军衔。

085

回到重庆后，张圣才去军统局汇报工作。

"戴先生，谢谢你的好意。我要见蒋委员长的日子很多，但我母亲现在八十多岁了，我离开她已经七八年了，从抗战后就没见过了，虽然你说她不错，挺康健，可是我迫切要让她看一下。现在有飞机，你让我23号见蒋委员长，可以后谁来安排飞机让我回去见母亲呢？那是很难的，所以我要求跟你去比较方便，见蒋委员长有许多机会，以后再来吧。"张圣才不卑不亢地说，戴笠不禁皱了皱眉头。

敢拒绝"戴老板"的人，还真不多见。那时候有特殊贡献的都以被蒋介石接见为荣，戴笠专门叫毛人凤秘书写帖，替张圣才申请了与蒋介石见面的机会。蒋介石批准在6月23日接见张圣才，但因戴笠19日要到福建布置工作，张圣才却准备和戴笠一起乘坐专机回家乡。

这次，用人心切的戴笠前所未有地耐心，他和张圣才长谈许久，但最后还是同意了。他对毛人凤说："你明天写个通知（报告）蒋委员长，说我有要紧的事带张圣才到福建，那个接见就取消了吧。"毛人凤小声对张圣才说："别人等待见蒋委员长要花很大力气，有时半年，有时三个月，有时一个月，你才回来三四天，蒋委员长就答应见你，可见他很重视，你却放弃这个机会要回福建，真可惜！"

如果你看过谍战剧，一定记得剧中主角"双面间谍"与跌宕起伏的精彩经历，而张圣才的"潜伏"生涯，真是比影视作品中的更为精彩与惊险。

1946年8月，张圣才以"厦门互惠实业有限公司"董事长的身份为掩护，将全部精力都用在了营救共产党人和进步人士上，紧接着就是策反。1946年到1949年间，他利用自己多层面的关系，穿梭于南京、上海、福州、厦门、香港，展开各种公开和地下活动。

说起来，他有一个特殊关系——时任福建省主席的李良荣。此人和张圣才私交很好。利用这层关系，张圣才得以游刃有余地开展间谍工作。

但当时的国民党厦门市市长黄天爵，却对张圣才头疼不已。有一次，张圣才去黄天爵办公室时，无意中看到他的办公桌上放着30多张证卡，上面盖着"黄天爵印"正放在那里晾干。当时黄天爵在会客，张圣才翻开一个证卡一看，原来是准备发给反共"秘密行动队"的证件，上面罗列着誓约四条，其中一条是"对共产党格杀勿论"。他顺手拿走了一张。

几天后，果然有中共党员被捕的消息传来。张圣才直接冲进参议会的现场，亮出这张证件，当场揭露了黄天爵的所作所为。众怒滔滔，黄天爵被逼到了"角落"里，只好咬咬牙，当众保证，解散"秘密行动队"。

此后的很长一段时间内，厦门再也没有发生秘密抓人杀人事件。

然而，在"特工"的生涯里，危险如影随形。

1949年8月的一天，福建省主席李良荣一个电话把张圣才叫到了办公室，告诉他，蒋介石侍卫室发来一份电报："奉总统面谕，请张圣才来台一谈。"

张圣才心里咯噔一下：败退台湾的老头子对我起疑心了！他不动声色，找了个借口，说是礼拜六要举行基督教青年会会员大会，他是董事长，不能缺席，那就晚两天去吧。

一出门，张圣才马上和厦门的同志一起安排相关人员的撤退和潜伏。他自己则气定神闲地主持了基督教青年会的大会，第二天凌晨五点，准备动身转道安海去闽中的游击区。可是，一打听，轮船临时被交通警察扣留用于运兵，此路不通！

另一条备用路线也出了问题，部队要在高崎试炮，集美电船开不了！

情势紧迫！毕竟是多年的"特工"，张圣才脑子一转，立即决定：坐小船走嵩屿，先去海沧，再作打算。他急忙奔向码头，可是天还没有亮，

087

岸边都没有船。

这时,他竟然看到一个熟悉的身影在岸边散着步呢!此人正是已经退休的军统闽南站副站长陈仲宗,张圣才与他也算是私交不错的老同事。事已至此,张圣才也不隐瞒了,直言相告,自己不去台湾,得马上出走。

陈仲宗竟未多问,扯开嗓子大喊!

别担心,他喊的不是别人,正是船家。这一带他太熟了,船家一召即至。开船前,陈仲宗问他:共产党来了,我用不用逃到台湾?张圣才给他吃了一颗定心丸:不必走,到时我会回来,一定保你平安!

张圣才终于离开厦门,到泉州潜伏下来。几个月后,他随着共产党的大军回到厦门。新中国成立后,他投桃报李,帮助陈仲宗联系市公安局自首,帮助他得到宽大处理。

1953年至1955年,张圣才不做情报工作了,开始任福建省博物馆筹务处副主任,兴致勃勃地四处寻找古墓。

然而,时代风云却是如此诡谲。1955年起,张圣才因为潘汉年案几次被捕,直到1975年底才被无罪释放,并恢复福建省政协委员的身份。

此后,鼓浪屿的天主堂、三一堂等教堂,多了一个常常来做礼拜的老先生。一些小孩听说这位爷爷曾经是"军统特务",一开始都怕怕的,后来才发现,这位老爷爷慈祥亲切,常常拍拍他们的脸颊、摸摸他们的小脑袋瓜,孩子们嬉笑着一哄而散。

自小在基督教教义下浸润的张圣才,经历了数十年的起起落落,没有怨尤,只有淡然。

在他传奇的一生中,朋友很多,对手也很多。后来,有的朋友成了对手,有的对手最后却成了朋友。他常常这样教育他的孩子们——不要怨恨人到日落。

当年,戴笠曾因张圣才出色的抗日工作,专门授予他两枚勋章。回到家里，张圣才顺手把勋章给孩子玩。小孩子拿着勋章敲敲打打，觉得不好玩就扔在一边，后来，还真就不知道丢到哪里去了。

在信仰与时代之间，有人屈从时代卑微地乞求信仰给予自己安全感，而有些人却能够从信仰中找到让内心真正坚定的力量，为心中的正义战斗，以爱为武器，为更多人的美好生活而战。

你说

站在那里的人是我

在窗前

在窗玻璃里

很透明

你可以看见

另外一个世界

水从树的顶端滑落

小鸟在岛屿的风中唱歌

你可以看见

模糊而清晰的你

你说

那个人就是我

16 拼音之父卢戆章：一个人的『小道』，众人的大道

来到鼓浪屿，你很有可能会错过这样的一条小路。

这是一条不起眼的花岗岩小路，当地人称它为"拼音小道"。长不过500多米，整条路面镌刻的，尽是各种汉语拼音字母和标点符号。踏足其间，让人仿佛又进入了小学时候的语文课本中。小路尽头的沙滩上有一尊雕像，是一位神情凝重目光深沉的先生，他的名字叫作卢戆章。雕像下方的碑文上介绍卢戆章为"开中国拼音字母之先河"，"是中国语文现代化运动的先驱"。

鼓浪屿上的"拼音小道"

且说"戆"这个字，是由赣州的"赣"加一个心字底组成的，很多人都会读成憨厚的"憨"。其实，比起"憨"来，"戆"的意思据说更加"一根筋"。

卢戆章，清朝咸丰四年（1854）出生于福建同安县。虽说祖上曾经显贵，但到他这一代已经家道中落。他自幼聪颖，兄弟六人中只有他有机会读书，18岁参加科举考

091

试,县试名列前茅,到了府试却意外落榜。要说父母给他起的名字真绝,他的这个"戆"劲儿一来,干脆不再入科场。21岁那年,他南渡新加坡半工半读,专攻英文,三年后,回国定居在鼓浪屿。

就在出国前一年,卢戆章偶然看到邻村一位叫王奇赏的人在看一本《圣经》。卢戆章读腻了四书五经,这一翻开《圣经》竟然感觉很对味,便研究了有些日子。

卢戆章画像

某一天,他跟别人说:我发现啊,欧美各国都是拼音成文,所以我决定了,要改造汉字,要拼——音!旁边的人听了,流露出来的表情,大概就是:又异想天开了吧!从此,他开始一门心思钻研"切音字"。周围的人继续笑话他"蚍蜉撼树,不自量力",甚至教训他:"汉字神圣,一点一画无非地义天经,岂后儒所能增减!"

从南洋回来之后,他变得更"戆"了。他以教华人英语、教洋人华语为生,除工作之外,他几乎将所有的时间都用在了切音字的研究上。

春去秋来,一晃,卢戆章39岁了。这一年他出版了一本叫作《一目了然初阶》的书。当然,书是他自费出的。在这本书中,他拟定了被他称为"中国第一快切音新字"的拼音方案,这也是我国自创的第一个拼音方案。书封面的两侧还题有一副对联:"一目了然,男可晓,女可晓,智否贤愚均可晓;十年辛苦,朝于斯,夕于斯,阴晴寒暑悉于斯。"足见其对于创制切音字的用心。

这本书出版之后,有段时间挺畅销。很多人图新鲜来找他学,发现学习这种切音字非常简便,只要个小半年就能"写所欲言"。当时有不少外国人也学得不亦乐乎，很快讲得一口流利的中国话。

可是卢先生偏偏"戆"性十足，"有从而问字者，不惜焦唇敝舌以诱之"，而且，"又恐推行不广，一刊再刊"，书是印了不少，但凡对切音字感兴趣的人，他几乎都是大方赠书，所以不但没收到一分钱讲课费，反而差点倾尽家中钱财。

就在他山穷水尽快坚持不下去的时候，好运气好像突然来了。书出版之后不久，正赶上维新派在全国"奖励新著作新发明"，有人把他的这个成果呈报朝廷，皇上还真的发出谕旨，全国推行！正大喜过望之时，一转眼，"戊戌政变"发生，维新运动夭折，这事儿又搁置下来了。七年之后，憋着一股"戆"劲儿的卢戆章，费尽九牛二虎之力，从厦门一路跋涉到北京，把他的《中国切音新字》一书再次呈缴学部。

然而，学部踢给外务部，外务部又踢回学部，学部又把"球"传给译学馆，后者干脆找了个理由，一脚把"球"踢飞了。

卢戆章黯然回厦，途经上海的时候，他把这本书在上海出版发行。在书名旁边，他要求印上一副对联："卅年用尽心机特为同胞开慧眼，一旦创成字母愿教吾国进文明。"

直到中华民国成立，当时的教育部才开始重视拼音和新字，年过六旬的卢戆章如逢甘霖，奔走于拼音推广的第一线，直到75岁去世。他耗尽毕生心血，却一生清贫，没有因此得名获利。

然而，他对于中国推行汉字拼音的贡献是不可磨灭的，在中国20世纪初开始的轰轰烈烈的"新文化运动"中拼音便得以推广运用。

如果你现在站在这条"拼音小道"上，这时，你又会怎么想？

当年，卢先生挑灯夜研切音字后，总是在深夜，沿着这条路，一个人走回家。这是一个人的"小道"，却开启了后人由拼音而至文字去认识世界的大路径。痴爱一生，踏平坎坷，"小道"终成大道。

093

长拳与浪花

扫堂腿与鹿耳礁

响亮的鸽哨与日落的背影

在晃岩的顶上呼呼作响

17 通背拳宗师孙振环：鼓浪屿上的『霍元甲』

话说那是民国三十五年（1946），正值酷暑，南方大中午的天儿万里无云。鼓浪屿"洞天酒楼"旁，猛然，一阵阵叫好声从酒楼内传来，让这沉闷的气息为之一振！

"好！好！好！"

循声望去，见酒楼大堂搭起一个舞台，台下人头攒动，台上一个人高马大的洋人和一个体格魁梧的中国男子正在摩拳擦掌。

看到如此场景，不知你的脑海里跳出的是《大侠霍元甲》，还是《叶问》？哎呀，那些要么是传说，要么是戏说，各位今天看到的这一幕，那可是在鼓浪屿真实上演的一幕！

只见那洋人一记直拳打出，势大力沉！那中国男子把头一偏，轻巧闪过，使一招"白蛇吐信"叼住洋人的右手，紧接着又是一招"顺水推舟"，把洋人摔了出去。

又引来众人一片叫好声。

洋人爬起来后，转身又扑过来，想用西洋"跪摔"的招式把中国男子顺势掀起。只见中国男子不慌不忙，抢前一步，擒住洋人的右臂，再一转身，腰胯一拧劲儿，来了一个漂亮的中国式"背胯"，将洋人腾空背起！

台下观众一边叫好，一边捏了把汗，难不成这个洋人要被摔出去个几丈远？

不承想，那中国男子只是把洋人在背上掂了掂，便轻轻地放回地面。众人回过神来，掌声雷动。洋人站稳身子后，也连连竖起大拇指喊道："OK！OK！"

这洋人，是当时的英国领事馆武官，名叫彼得；而跟他交手的这位中国男子,是厦门中南银行的一位镖师,叫作孙振环。这两个机构,在当时的鼓浪屿,一个管着地盘,一个攥着钱袋子,彼得听闻孙镖师身手不凡,就约了这次比武。

比赛结果,自然让彼得心服口服,两个人后来倒成了不错的朋友——我们经常看到电影电视剧里中国人和洋人比拳拼得你死我活,其实有时也不尽然。

要说,这彼得输给孙大镖师,确实也不冤。这位孙振环,正是中国传统功夫"通背拳"的一代宗师,人们称他是"鼓浪屿的霍元甲"。

且说这通背拳,源于中国北方,而孙振环正是出生于河北沧州的一个武术世家,自幼拜在沧州通背拳名师左东君门下学拳。

通背拳大师孙振环

说起"通臂劈挂"拳法,顾名思义,正是模仿通臂猿猴而来,动作以灵敏、迅捷、勇猛著称,讲究"快制慢,长打短,硬吃软""遇弱强攻,逢强智取",是实用性非常强的一种拳法。

这孙振环学拳,是早练五更,夜里挑灯,每次都练到油尽灯灭才肯歇息。春去秋来,十二年苦练,终有所成。

只是,若是你也和孙振环一样,生逢乱世,就算有一身功夫,要闯荡江湖,也不是那么容易呀。

他的第一份工作,是在天津一个商栈当镖师。这一天,他下了班,看见路边两个壮汉正殴打一老翁,就上前劝解。两个人一看有人管闲事,便要动手,哈哈,结果当然是三拳两拳被打趴下了。

老翁千恩万谢,又对他说:壮士,这伙人在本地极有权势,你要小心他们报复呀。没过多久，十多个彪形大汉手持刀棒，飞奔而来。实在不巧，他们碰上的是一个高手，孙振环一对多，空手夺刃，左拦右扫、横劈直打，打得他们哭爹叫娘、各自逃命去了。

这一仗虽说让孙镖师名声大振，但强龙难压地头蛇，老板也不敢留他，孙振环只好收拾行装，辗转至西北谋生去了。

正好，冯玉祥驻军西安，广招天下豪杰，孙振环投身军旅，凭着一身功夫，很快成为西北军武术教官。

其时，日寇已步步紧逼中国西北，长城一带烽烟四起。在著名的喜峰口战役中，孙振环率领他的弟子，夜袭敌营，手持大刀，杀得日寇鬼哭狼嚎，尸横遍野，上演了一幕真实的"大刀向鬼子们的头上砍去"！

初战大胜，但终敌不过日军强大的火力，接连几场血战之后，孙振环所在的部队逐渐被打散，他自己也成了日本人的重点侦缉对象。为躲避风头，1934年，孙振环再次投考镖师，名列第一，被委任为厦门中南银行镖师，长驻鼓浪屿。

孙振环在鼓浪屿上习武（摄于20世纪30年代）

话说，孙振环和彼得自从那次比武后，反而成了朋友。半年后，他路遇五六个外国水兵调戏年轻女子，他挺身而出，把这几个人狠狠教训了一顿。结果，鼓浪屿的"工部局"居然当晚就要来缉捕他，彼得听说了这件事情，出面斡旋，最后，才以孙振环被免去中南银行镖师一职而化解此事。

还好，大侠之名传遍厦门，他被中华精武体育会厦门分会和厦门英华中学聘任为国术教练，后来他创办了通臂武术社，广收门徒，悉心耕耘数十年，授徒上万人，有不少徒弟后来成为名震全国的武术家。

在"文化大革命"浩劫中，通臂武术社被迫关闭，一代宗师孙振环也备受打击。即便如此，当他听说学生家里遇到难事，仍常常去看望和接济。有一位学生的父亲被划为右派，在"牛棚"里受尽折磨、含冤去世。别人闻之躲避唯恐不及，而孙振环不怕身受牵连，把这位学生带在身边，尽其所能地保护。

面对多次被威胁、被恐吓，他只是冷冷一笑，不为所动。可惜的是，历尽劫难始终刚强的孙振环，在1972年因突发心肌梗死，与世长辞。

每个人的一生，真正的功夫或许不在手上，而在心里——总得有面对磨难和不平的勇气，总得有那些挺身而出挥起一拳的时候，才无愧于做一个真正的"人"。

爱你入骨

挥手之间

无意

挣断琴弦

为回音而哭泣

时间如流血

我被分割

夜莺的歌声

像一把尖锐的刀

在时间的长空里

剜我心田

爱歌无言

18 颜宝玲：你听过夜莺啼血的声音吗？

你，听过夜莺的歌唱吗？在静谧无风的夜晚。

清清的，亮亮的，像燕子在夜空中剪过碎梦，像思念在无眠里呼唤安宁。如果你是那个幸运的人，能在每个夜晚，于夜莺的歌声中沉沉睡去，那该是多么美妙的事啊。

直到有一天，你仿佛感觉到这歌声中，多了一种泣血的悲凉。你来不及反应，风起了，夜莺的啼声骤然而止。

1966年的盛夏，那个莫名起风的时节，鼓浪屿上的许多人，突然，都听不到那熟悉的"夜莺"的歌唱了。

在诗人舒婷的心中，这歌声，连同一个名字，像一根刺，扎在她心里，好多好多年。

这个名字，叫作"颜宝玲"。

时光回到1934年，鼓浪屿上，一座由厦门港礼拜堂、新街礼拜堂和竹树脚礼拜堂联合兴建的"三一堂"初步落成，教堂里飘出了稚嫩而清亮的歌声，让人们不禁竖起了耳朵。

循声望去，正在唱诗班里排练的，有一个十岁的漂亮小女孩，她那未经雕琢的童声，有如天籁。哦，这可是唱诗班年纪最小的主唱哟。别看她年纪小，很多鼓浪屿上的音乐会都邀请她去独唱，那些20世纪三四十年代风靡一

颜宝玲

时的中外名曲，居然被这个小小的女孩儿唱出了一番别样的味道。

夜莺初啼。这女孩儿正是颜宝玲。

说起来，颜宝玲真是一个令人羡慕的"富二代"。她的父亲经营着厦门著名的东方汽水厂；她的大哥，公费赴英国留学毕业后，到美国投资石油业，成为当时全美华人中的"十大经济人物"；她的二姐夫是新加坡电影界的头面人物……

作为排行第五的女儿，颜宝玲从小便"集万千宠爱于一身"，除了自己拥有音乐天赋之外，富裕的家境也让她有条件接受最好的音乐教育。更何况，鼓浪屿还有很多来自世界各地的音乐家，虽然他们不轻易收徒弟，但看到天资这么高的女孩子，也让他们动心。

厦门归正教会牧师敏戈登的夫人，是颜宝玲的第一个外籍教师，她教授颜宝玲正规的美声唱法；西门子公司的俄罗斯工程师华拉素的夫人，原来是俄国大剧院的著名花腔女高音，在她的悉心指导下，颜宝玲的音域和唱法开始向花腔女高音发展；而住在鸡母山旁边"伦敦差会"牧师楼里的魏沃垠牧师，则教会颜宝玲全面掌握英语、意大利语、拉丁语歌曲的演唱方法，在他的教导下，就连意大利语《茶花女》中公认的高难度唱段，颜宝玲都能唱得游刃有余。

"夜莺"的歌声响彻在鼓浪屿的上空时，属于她的爱情也悄然而至。1943年，颜宝玲与门当户对、兴趣相投的李德亮成婚，成为当时让许多女子"羡慕嫉妒恨"的一对佳偶。

时光在流逝，而时局也在发生着变化。就像舒婷说的："战争在天鹅绒窗帘外进行着。"颜宝玲给自己的三个孩子分别起名为"曙初""未明"和"曦微"，这个用歌声抚慰着非常时期人们心灵的音乐精英，在时局将明而未明之际，也做出了人生第一个重大选择。

虽然大部分亲人都已经在国外定居，颜宝玲夫妻二人思量再三，还是决定留在祖国。

在鼓浪屿厦门女子中学举办完告别音乐会，29岁的颜宝玲只身奔赴上海，以优异的成绩考入上海音乐学院。

"夜莺"在茂盛的音乐丛林里，找到了更宽广的音域。她跻身于大上海的"音乐红人"之列，成为20世纪50年代首位在上海兰心大戏院演唱的鼓浪屿歌唱家。

然而，身为母亲的颜宝玲无时无刻不牵挂着在厦门的三个孩子。为了照顾家庭，颜宝玲再次做出艰难的选择，她又回到了鼓浪屿。她的二儿子、后来成为厦门大学音乐系知名教授的李未明，保存了母亲的一本学生证，上面的红色印章盖到1955年，此后，便是一片空白。

夜莺归乡，性情开朗的颜宝玲，除了担任厦门歌舞团独唱演员外，也成为厦门市基督教女青年会总干事，还组织了鼓浪屿合唱团。她带领热爱音乐的鼓浪屿青年男女，唱着轻盈的《燕子》，唱着充满生活气息的《烧酒醉》，也唱着苏联经典歌曲《喀秋莎》……

位于鼓浪屿福建路、有着百年历史的黄荣远堂别墅，有一个让很多音乐迷慕名而来的"老唱片博物馆"。而在20世纪50年代，在颜宝玲的带领下，每逢周末这里都会举办"月光唱片欣赏会"，到现在，还有很多老鼓浪屿人仍记得，那些年的月光下，从唱片里流淌出的属于鼓浪屿的美丽音乐传说。

1966年的夏天，颜宝玲被抄了家，她用于演出的裘衣、旗袍、化妆品和高跟鞋被列为罪证进行展览，罪名是"糜烂的资产阶级生活方式"。接着，这个在舞台上吟唱美好与自由的歌者，被关押了20多天。

曾经越是美好的，在荒诞的年代里，越是成为无法承受的桎梏。

1981年，舒婷在她的名作《奔月》里，写下了这么几句：

你轻扬而去了吗
一个美丽的弱音
在千百次演奏之中
永生

  人生的苦难，无人能够预测。而面对几乎无法承受的屈辱，有人选择了像《肖申克的救赎》的安迪一样，忍辱负重，重获自由；但有的人，选择留下自己的圣洁和尊严，让自己永远留有最美的羽翼，颜宝玲就是这样的人。
  是的，有些鸟是永远关不住的，因为它的每一片羽翼上都闪耀着自由美好的光芒。

那时的歌声如冬雨后

冰冷的枯枝上滴落的最后一缕泪水

低声吟唱长长久久

太阳依旧

在歌声的背后,踏浪而来

19 李焕之：中国新音乐的引领者

20世纪60年代末一个临近大年三十的寒冬，中国北方的某个知青聚集地，这个本该充满年味的地方，却显得异常的安静。被窝里未传出鼾声，但慢慢地、慢慢地传出一些奇妙的声音，从微弱到声音渐大，从雄浑激昂再到柔情似水。

突然间，被窝里伸出一只手，手中的半导体收音机被高高举起，这时，从不同的被窝里又伸出了三四只手，每只手都举起一个收音机，它们播放着同一首乐曲，美妙的音乐声响遍房间。但短暂的狂欢只持续了短短的几分钟，知青们很快又把收音机缩回各自的被窝里，调小音量，享受着这首歌曲最后的高潮，余音缭绕，回味无穷。

在那个跌宕起伏的时代，假如被人发现在听这样的歌曲，他们可能会被当作"现行反革命分子"。不过，这首曲子，也许你会觉得有点熟悉，这首曲子叫《春节序曲》，是中国喜庆佳节中屡演不辍的保留节目。

1919年出生于香港的李焕之，在11岁那年随家人迁居厦门，在鼓浪屿，他得到了最早的音乐启蒙教育——他

李焕之

105

吸收的音乐营养很杂，既有闽南和广东接地气的民间戏曲，也有"国际化"的圣诗和当时流行的欧美通俗歌曲，当然，手风琴、铜管乐器、合唱，他也样样通晓。多年以后，他说，感谢鼓浪屿这个地方，让他呼吸自由和开放的空气，让他明白，人生可以有很多选择。

有一次，他用手风琴演奏《友谊地久天长》《老黑奴》等四部和声曲，让听众听得如痴如醉。而真正如痴如醉的，是李焕之自己，他发现，多声部和声曲简直就是自己音乐殿堂里最动人心魄的华章，他对它情有独钟。

李焕之在上海国立音乐专科学院进修几年后，不得不先遵照家人的意思，辍学到香港的一家商行去当练习生。

有一天下班，他和同事去看当时最火的电影《夜半歌声》，看完之后，他迫不及待地去买了一张盛家伦演唱的《夜半歌声》主题曲唱片，带回家里不停地放、放、放，听、听、听，终于忍不住，跑到凉台上放声歌唱！

看来，人的一生最热爱的是什么，要做的是什么，是注定的。

1938年7月，卢沟桥事变爆发的第二年，一个身形消瘦的青年，悄悄地从香港出发，几经辗转，奔向了那时中国年轻人最向往的一个地方——延安。几年后，他成为延安鲁迅艺术学院音乐系最年轻的教师。在那片充满激情和想象力的土壤中，李焕之生命中最丰盈的创造力得以勃发。

我们听到的《春节序曲》，是李焕之创作的大型民族交响乐《春节组曲》的序曲。它的创作时间是1956年。那时候，李焕之是已经步入中年的艺术团体的领导。新中国成立不到几年，需要大量激发人民建设热情的音乐。当这一年的春节即将到来时，有一天，李焕之结束繁忙的公务回到家，突然，他的心里进出了一段旋律，还有一些多年前的场景。

他心里一动，快步走进书房。

这是12年前，延安开展"新秧歌运动"的一段旋律。在李焕之的脑海中、耳畔，热烈欢快的大秧歌在广场上舞起来，热闹的锣鼓声和歌声此起彼伏，一唱百和，一首浑然天成的"序曲"，从他的笔尖流淌出来！

慢慢地，音乐突然变得温婉起来。一对年轻的恋人，偷偷离开了大秧歌的人群，来到月光如水的延河边，漫步谈心，爱情的花蕊在心中绽放，欲说还休。李焕之的嘴角露出了一丝微笑——那么，这个第二乐章名字就叫"情歌"吧。

延河的月光很美，不过，他们很快被朋友们发现了。年轻的伙伴们嬉笑着将这两个脱离大部队的甜蜜人儿拉回到热闹中来，一起奔向舞会。在李焕之笔下，这场盛大的舞会变成了第三乐章《盘歌》，毫无疑问，它更像一首礼赞生命和爱情的圆舞曲。

跳完舞，大家一起去逛灯会。灯会自然是灯如昼，而陕北的唢呐是更闹不歇的，它成了第四乐章《灯会》的最强音。

然而，因为歌颂爱情，这首伟大的乐曲在特殊年代居然成了"毒草"，李焕之本人也因此屡屡遭受迫害。但是，心中有这样旋律的人，是不容易被打倒的。有些人发现，这个老人，白天被戴高帽批斗，晚上回去继续摆弄家里藏着的那些乐器。

在那个跌宕起伏的时代，想保有精神里可贵的欢快，太难太难，需要有足够的韧性才能够坚守。很多很多年以后，坊间流传着这样一个故事。有一个因为在"文化大革命"期间偷听《春节序曲》而被批斗的人，在一个偶然的场合下，遇上了带头批斗他的那个人。狭路相逢，彼时两人都已白发苍苍。第二年的春节，这两个人，带上自己的妻子儿女，坐在一起过年，他们打开一台音效极好的音响，一起再听《春节序曲》，一笑泯恩仇。

那时候，作曲者李焕之早已离开人世。除了《春节序曲》，他留下的数百首作品，几乎都是温暖、激昂的乐曲，一以贯之。

你在满世界寻找

小岛丢失的音符

那些历经了岁月与太阳雨的琴键

和厚厚的一本书

时间无限地拉长

岛屿也连成了诗

在诗歌的尽头

音声鼓浪

20 胡友义：一生只为写这一封『琴书』

冬季的午后，一股寒潮突袭，鼓浪屿上的阳光透过熙熙攘攘的游人，却始终无法抵御这南国别样的寒冷。直到一阵迷人的琴声飘来时，人们的心突然解冻了。

循着琴声，走进这座叫作"鼓浪屿管风琴艺术中心"的建筑，第一轮的演奏刚刚结束，弹奏的那位女子带着笑意向大家预告一会儿的演出安排。

人们开始饶有兴趣地仰着头，看馆里两座"相对而望"的庞然大物——管风琴。

细细观察，你会发现这架管风琴的下面，开了一个"大口"，讲解员带着人们，钻进了这架"圣坛风琴"内部，去看"风"的动向，了解怎样驱动这庞大的"身躯"，发出如一个交响乐队般的混响。

人们兴奋不已，没想到竟能近距离观察这架巨型管风琴内部的结构。管风琴真的有一种魔力，演奏者则是施展魔法的巫师。新的演奏开始了，一位面容清秀、气质优雅的女子，坐在弹奏台前熟练地操纵着键盘、按钮和脚键，有如手执一支支魔法杖，流淌出魔幻般的琴声，高低错落，远近虚实，比人声更空灵，比自然更厚实，你或许能听到历史，听出哲学，还有说不清的内心喃喃低语——甚至，你能听出一种深深的思念。

已经是鼓浪屿风琴博物馆馆长的方思特，依然会在应该出现的时间，坐在管风琴的演奏台前。按下琴键的那一刻，她总会想起那些温暖的故事，那位亲切的长者，知名的收藏家、大名鼎鼎的胡友义先生。

胡友义

1936年，胡友义先生出生于鼓浪屿，在鼓浪屿中西交融的音乐氛围中成长的他十岁时开始学习钢琴。他在音乐求学之路上结识了许多良师益友，他辗转多地求学，从厦门到上海，再从上海到香港，后来申请到了欧洲规模最大、历史最悠久的音乐学院之一——比利时布鲁塞尔皇家音乐学院的全额奖学金。这时，已经31岁的胡友义踏上了历时三年的比利时留学之路。

机缘巧合下，胡友义参观了世界闻名的比利时乐器博物馆，在欣赏了这些古老的羽管键琴、古钢琴、古管风琴等各式各样有着精美雕刻的古琴之后，他久久无法忘怀，成了博物馆的常客，这也为他后来的古琴收藏之路埋下了一枚种子。

1974年，胡友义夫妇移居澳大利亚，花十年的时间建造了胡氏山庄，这里气候干燥，并有足够的空间让他可以收藏古钢琴和古风琴。在好友鲁本的帮助下，胡友义先生买下了第一架古董钢琴——产于1905年的贝希斯坦（Bechstein），从此走上了钢琴收藏的道路。自买下第一架钢琴之后，胡友义又陆续收藏了各个国家的有特色的钢琴珍品及孤品，十年如一日。胡先生在饮食、衣着等方面极为节俭，但对于收藏琴丝毫不吝啬钱财，他对琴的痴恋，也在澳大利亚传开。

是的，人们都知道胡友义是"琴痴"，但你很难想象他"痴"到什么程度。但凡有"故事"的钢琴，他都不计一切代价购买。有一次，他想买下一架非常有历史价值的钢琴，可是钢琴主人开价很高，结果，胡友义真的用一栋别墅去换来了这架钢琴。

他和太太常住澳大利亚。墨尔本的夏季非常炎热，但早晚温度变化急剧，钢琴的音板容易因此损坏。夫妻俩没有孩子，但他们每天都要密切关注天气的变化，像照顾孩子一样精心呵护这些钢琴；在降温的时候，还要细心地为它们盖上毛毯。

漂泊海外多年的胡友义先生，始终牵挂着故乡鼓浪屿。为此，他做了一系列重大的决定，从此，他将自己最宝贵的"财富"留在了鼓浪屿，这座音乐之岛上。

1999年，胡友义开始将澳大利亚休斯维尔胡氏山庄里的30多架古钢琴运输到鼓浪屿；2000年，鼓浪屿钢琴博物馆在菽庄花园正式开馆；到2005年，钢琴博物馆的古钢琴数量已超过100架，成为名副其实的"百琴园"。

胡先生以收藏钢琴而闻名，他爱琴人人皆知，但其实他也收藏了不少堪称稀世珍宝的风琴。在与好友谈论音乐时，他总会说："我喜欢管风琴，它简直就是天上的音乐，深深地震撼着我的心灵，它的庄严明净可以带领我进入另一个非世俗的世界，进入一个更加接近宇宙、接近上天的境界！"正因有风琴情缘，钢琴博物馆建成后，胡先生的心中又起了一个念头——在鼓浪屿建风琴博物馆。

没想到，他的提议得到了厦门市政府以及各单位的鼎力支持，从提出设想到第一架管风琴运抵鼓浪屿仅耗时三个多月。

2004年11月，鼓浪屿迎来了"初试啼声"的日子，一辆集装箱车抵达鼓浪屿，里面装有整架大型管风琴的零部件。在胡先生的努力下，来自英国、德国、美国、澳大利亚、意大利、法国等国的各种珍贵管风琴、簧片风琴、手风琴、口风琴陆续来到鼓浪屿"安家"。至2007年，风琴博物馆馆藏的各类风琴已有60多架。

如今，鼓浪屿管风琴艺术中心收藏的"波士顿-灵光堂卡萨翁700管风琴"，是由圣坛风琴、画廊风琴组合改造而成的巨型管风琴，是亚洲最大的管风琴。

一名澳大利亚的管风琴工程师在美国看到了一台巨大的即将被弃置的管风琴，马上联系了胡友义。果不其然，当他晒出这台"卡萨翁"的照片时，胡友义激动不已，很快参加了拍卖会并将其拍得。2007年，"卡萨翁"在十多位管风琴工程师的帮助下，被装进五个集装箱，耗时三个星期，漂洋过海来到厦门。

巨型风琴"卡萨翁"

圣坛风琴造于1890年，早年被放在波士顿灵光堂的圣坛位置；而画廊风琴因被安放在圣坛风琴对面的廊道中而被称为画廊风琴，于1917年造成，同年，加拿大卡萨翁公司将其与圣坛风琴合二为一。

于是,"卡萨翁"的琴声形成了罕见的交响式风格,既可宏伟又可细腻,具备无限可能。2014年,厦门市人民政府委托奥地利里格尔管风琴公司开启"卡萨翁"的修复工程,前后历时四年,有来自十余个国家的40多位管风琴修复专家参与。修复时间之长、过程之复杂、国际合作之广泛,堪称世界管风琴修复史上之最。

不过,当巨型管风琴"卡萨翁"运回鼓浪屿后,胡友义为这个"孩子"最先想到的却是另一件事。

"喂,您好!啊,是胡先生。"这时的方思特即将大学毕业,她打算出国深造,兴致勃勃地准备着各种手续,打包行李,没想到,却接到了胡先生的一通越洋电话。

此时,电话那头的胡友义先生反而有点忐忑不安。他不知道,自己接下来要说的话,会不会让这个年轻女孩感到诧异。或者说,他不知道这个女孩会不会接受他的建议。

原来,胡先生告诉她,管风琴在鼓浪屿,不应该是"死"的,但如果要让它"活"起来,必须得有人学习演奏它。所以,他希望方思特能够考虑学习管风琴,留在鼓浪屿,做那个让它"活"起来的人。

演奏中的方思特

女孩心里的踌躇是听得见的。胡友义在电话里轻轻感叹了一声:"我是在晚年才有机会为家乡做点事,要是年轻的时候能够做到,就更好了。"

这句话仿佛一个举重若轻的音符,一下子击中了方思特的内心,她几乎是不假思索地答应了。放弃了去美国深造的机会,她开始自学管风琴,胡友义则专门联系了澳大利亚的管风琴老师来给她上课。不久,方思特在墨尔本市中心的一个大教堂开了管风琴音乐会,胡友义专门赶了很远的路去听。

正如第一次听这个"琴童"演奏一样,胡友义露出了放心的微笑。他找到了这些音乐瑰宝的守护者。

管风琴声又起,这封"琴书"将一直荡漾在这座美丽小岛的空气中。

尚未燃尽的火柴

躺在那荧荧发亮的水中

人们流泪　微笑

一个重复了又重复的情节

21 "生活艺术的毕业生"林文庆：被误读百年的厦大校长

午后，熙熙攘攘的游人在厦门大学的校门前排起了长龙，厦门大学已然成为厦门热门的旅游"坐标"之一。

如果你有时间在校园里多逛逛，你也许会经过一座叫作"文庆亭"的不太起眼的亭子。

这座亭子的"主人"是厦门大学创始时期的校长林文庆，没有他，那时的厦大不知道会怎样度过它最艰难的起步期。

他在厦门岛上建立起了规模宏大的学府，无论是校内设施、院系组织、课程设置以及教授的延聘，都参照欧美大学来改进，使厦大成为全国闻名的立案私立大学。而这位曾被误读的老校长，直到21世纪，他的卓越贡献才逐渐被承认，厦门大学校园内也建立了文庆亭以表示对他的纪念。

厦门大学创始时期的校长林文庆

时间回到1921年，厦大建校之初，校主陈嘉庚最早想邀请汪精卫来当校长，未果；后来聘请的校长叫邓萃英，但此人因舍不得北洋政府的职位，到任不久就辞职了。

与此同时，曾经担任孙中山机要秘书和个人保健医生的林文庆收到了两份电报，一份是孙中山请他当外交部部长，另一份就是担任厦大校长的邀约。林文庆毫不犹豫地选择了后者。1921年7月，他正式就任，并表示，要把厦大办成一座"生的非死的、真的非伪的、实的非虚的大学"。

林文庆，字梦琴，1869年10月生于新加坡。他的爷爷是从福建移居马来亚的华人，所以，他是标准的"峇峇"，也就是"土生华人"。

从莱佛士书院毕业后，他成为首位拿到"女皇奖学金"的华人，因此得以赴英爱丁堡大学攻读医学。23岁那年，林文庆获得硕士学位，回到新加坡行医，数年后，成为当地名医，并从事实业，是一个地位与财富并驾齐驱的标准"成功人士"。陈嘉庚在南洋期间，正是因为林文庆的点拨，从试种橡胶树起家而后成为巨富，在创业过程中也颇得林文庆支持。

当然，成功人士往往是有自己独特性格的。林文庆一度因为主张复兴儒教，和流亡海外的康有为关系甚好，但康有为后来出卖自己的恩人宫崎寅藏，林文庆马上和他绝交；他和孙中山私交很深，但对于暴力革命的社会改革路径，却也并不赞成。

只有一种情结，林文庆一直没有变过。初到英国，他因为自己是华裔却不会读中文，处处尴尬。也因有此一痛，他后来成为中国传统文化的坚定拥趸。"自游学西国初归之时，见华侨之在南洋景况，而惧其子孙之不识本国语言文字，自失其无数子孙矣。"这种情结，成为他主政厦门大学16年的核心理念，也无形中让他和鲁迅之间变成"道不同不相为谋"。

显然，在当时的大环境下，林文庆的处境比倡导"兼收并蓄"的蔡元培要更微妙一些。厦大三周年校庆时，林文庆在演讲时提出"读孔孟之书，保存国粹"，被集体炮轰，要求退位，被陈嘉庚力保下来。

1924年，欧元怀等九位老师和200多名学生离开厦大到上海创办大夏大学；1926年，林文庆与鲁迅、林语堂结下芥蒂，以二人为首的一批大师纷纷离开厦大。这两次学潮,其中有许多说不清的缘由,但在那个急需变革的大潮里,一心一意崇儒尊孔的林文庆被贴上了"食古不化"的标签。一个生于南洋、从小学习西洋文化又留学于英国之人,偏偏醉心于研究儒家孔学。学校经常组织尊孔、祭孔活动,孔子的生日被列为重要节日,全校放假,"以示恭祝"。"五四运动"开启了中国新民主主义革命的开端,也是旧文化与新思想的分水岭,在这之后,林文庆自然成了众矢之的,他也因固执己见吃了不少苦头。

其实,林文庆并非思想保守之人,辛亥革命之前,他就首当其冲,提倡众人剪辫子,甚至在1898年发起了剪辫子运动,在当时华侨社会中引起了激烈的争议。他提出的女子教育,更是开风气之先,1899年,他作为新加坡第一所女子学校——中华女校的创办人之一,率先捐献了建校舍的土地。

在厦大主政16年,林文庆几乎付出了一生的心血。1927年,学校资金不足,他捐出全年工资6000元,甚至把自己给人看病所得乃至夫人的私房钱都捐出来;1934年,陈嘉庚因世界经济危机的冲击而破产,厦大濒临倒闭,林文庆三次回东南亚,放下身段,沿街沿户劝捐,为厦门大学筹措教育经费。

陈嘉庚曾说,林文庆"在南洋之事业,如数十万元之家产,与任数大公司之主席,按年酬金以万数",但为了厦大,他全部放弃。

在林文庆任校长期间,厦大共培养本科生646人,预科生490人。1937年,厦大转为公立大学,他回到新加坡。1957年,88岁的林文庆因病去世,临终时将在厦门的别墅和51英亩私人土地中的60%捐给厦大。

鼓浪屿笔山路5号,一栋欧式建筑依山而筑,曲径通幽,视野开阔,巧妙的设计使建筑与地面之间形成纵横交错的立面效果。这便是林文庆的故居,现在它仍属于厦门大学。

位于鼓浪屿的林文庆故居

如今，厦大的校训仍是林文庆当年亲定的"止于至善"，出自《礼记·大学》："大学之道，在明明德，在亲民，在止于至善。"

在厦门这座海滨城市，这里的人们以拥有一所厦门大学为骄傲。而作为真正意义上创校校长的林文庆，在去世前不久接受采访时，只轻描淡写地用一句话总结自己的一生——"我是生活艺术的毕业生，主修：宽容。"

119

以后我也这样静默地走了

走进黑夜之中

走进黎明破晓彻夜不眠

在森林里

在那些不断疯长的树木的尽头

在小岛上的每一个拐角

总响着一支未完的情歌

22 李清泉与颜敕：为了明天那"新的一天"

1938年3月，正是中国全国抗战最艰苦的时刻。这一天，八路军总司令部收到了一封特殊的慰问信，信是这样写的：

"朱德将军勋鉴：公率三军，捍卫北疆，捷报频传，侨众欣跃。本月6日特汇中行国币1万元，托为购置雨具，运交将军分发八路军士兵应用。谨此奉闻，并祝胜利。"

随信而来的，是汇给八路军的这笔钱。而寄信的颜敕女士是中国妇女慰劳自卫抗战将士会菲律宾分会主席。这笔款项，对于正在淋漓雨季中抗战的八路军来说，真是来得太及时了。

为此，朱德总司令和彭德怀将军联名回信致谢，信中说："当此敌焰方张，民族危急之际，我海外侨胞，本毁家纾难之忱，拥护国军，爱及敝路，全体将士皆将为之感动，再接再厉，誓报国仇！"

此后不久，抗战前线的新四军也收到了颜敕代表菲律宾女华侨组织寄来的一万港元，再加上十万袋的救伤袋、委托美国红十字会送往前线的大宗医药……这些不太可能见之于"正史"的作为，却构成了中国抗战史上动人的"侧面"。

现在，让我们把目光转向鼓浪屿这座小岛，离码头不远，升旗山上一条安静的小路，有一幢三层楼高的别墅——容谷别墅。据说，这个"容"字原来是榕树的"榕"，后来人们习惯性地把它写成了"容纳"的"容"。不过，这正好也契合了别墅原主人的心境——"海纳百川，有容乃大"。

121

容谷别墅

这幢始建于1926年的别墅，最早的户主就是我们刚才说到的颜敕。她的丈夫李清泉，在别墅建成后，特地在房契上把自己心爱的太太注册为户主，这在当时鼓浪屿的别墅中是相当少见的。

李清泉，原籍晋江，是一位著名的爱国华侨，也是一位商业奇才。13岁那年，李清泉随父亲到菲律宾经商，18岁就主持父亲创建的成美木厂，不过数年，便迅速成为控制全菲律宾木业的巨商，而且把菲律宾木材制品大量推向国际市场，成为名副其实的"木材大王"。

在菲律宾创业成功后，李清泉回到厦门，投资开创了李民兴置业公司，积极参与厦门市政工程和房地产开发，还成立了中兴银行和福建造纸厂。那时，他投资兴建的商业大厦就有十余座。

李清泉与发妻颜敕虽是旧式包办婚姻，但夫妻和睦，非常恩爱。婚后李清泉携眷前往菲律宾侨居，一同打拼。飞黄腾达之后，李清泉依然对妻子百般呵护，爱意绵绵。

这对神仙眷侣十分热心公共事业。妻子颜敕是一位杰出的爱国妇女华侨领袖，常与丈夫一起回馈社会。作为菲律宾华侨抗敌委员会主席，李清泉所做的努力可以说是数不胜数，尤其是他发起的"航空救国运动"，更是影响巨大而深远。

李清泉夫人与女儿

李清泉

"航空救国是一条出路！"1932年，抗日名将翁照垣到达马尼拉，在华侨欢迎他的会上，说出了这句话。几天后，李清泉就发起成立了中国航空建设协会菲律宾分会，并亲自担任主席，召集的会员达到4000余人。当时，报纸报道，李清泉先生"慨然独捐战斗侦察机一架，以为侨界倡"，此举迅速产生巨大影响，菲律宾侨胞一共捐资300万元。这些钱一共购买了15架飞机，被命名为"菲律宾华侨飞机队"。

这是华侨最早的抗战捐机活动，这些飞机随后投入战场，起到了非常重要的作用。夫唱妇随，颜敕也以女性特有的方法，带领爱国华侨妇女投入另一个"战场"。

那段时间，在菲律宾，经常能看到有童子军抬着救国箱上街挨家挨户募捐，有女学生在车站、码头、广场等公共场所卖"爱国花"，还有华侨到支持抗战的公司去收"爱国常月捐"。这些通过各种形式筹集的抗战资金，一分不少地被寄回祖国支援抗日。

而颜敕组织的华侨妇女敢死队，直接上街监督抵制日货，检查商店，劝阻出售日货，不听规劝的店铺会受到处罚。

有一天，一个年仅14岁的学生找到她们，拿出一笔钱，说：这是我从小积攒的全部储蓄，我想请你们帮我买1000个面包，转交给抗敌前线的军人。这位爱国少年名叫杜兴桥，他的举动，让在场所有人深受感动。后来，大家一致决定，义卖这1000个"爱国面包"。

据当时的报纸报道，侨界为此大为震动，纷纷解囊，1000个面包捐卖3000菲币，"足供战士万余人一日之需"。而这一事件，再次使菲律宾抗日义卖活动风起云涌。

不管是1000个"爱国面包"，还是一架架造价不菲的战机，谁都不能用纯粹的金钱来衡量它们的价值。大爱，是无价的。

然而，多年的为国奔走，原本身患糖尿病的李清泉，因病情恶化，于1940年10月与世长辞，享年52岁。尽管没能亲眼看到抗战胜利的那一天，但他临终之际，留下遗言："将十万美元遗产给祖国抚养难童。"

"不悲其身之死，而忧其国之衰"，李清泉真正做到了为祖国兴亡，鞠躬尽瘁，死而后已。颜敕替他看到了胜利，此后30余年，她带着丈夫的遗愿，继续在侨界发挥力量，为祖国做着力所能及的事情。

1971年11月，颜敕病逝于菲律宾。

鼓浪屿，容谷别墅，如果你有机缘走近看它，而你恰巧看过《乱世佳人》这部电影，你也许会觉得它的外观和景致看起来有点熟悉。没错，当年建造这幢别墅时，李清泉夫妇聘请的旅美中国工程师，正是仿照这部著名电影中美国内战前的建筑而设计的。

在电影中，斯嘉丽说的最后一句台词是："毕竟，明天又是新的一天。"

是啊，毕竟，因为有明天，值得我们在昨天，为了它而付出一切。

　　　　　　　面对面
　　　　你为我掰开一只橘子
　　　　　　平静的眼眸
　　　　　　橙黄的果实

　　　　　　　面对面
　　　　你在狭长的小巷行走
　　　　　　安静的马蹄声
　　　　　　随着夜的心跳
　　　　　　抚慰孤寂的小岛

　　　　　　　面对面
　　　　　　船驶离了港

23 黄大辟：我有一艘『船』，面朝大海春暖花开

你知道吗？在福建闽南，有一些称呼很有意思。

比如，你看到一个人，别人称呼他为"仙"，不要以为他是和尚或者道士，其实，他往往是一个医术精湛的老医生。这个称呼的来源，有人说，是因为闽南话的"先生"念成"仙西"（注：按普通话音读），简称"仙"，而受人尊敬的医生，我们尊称他为"先生"，也就成了"仙"。

当然，在病人的眼中，好的医生堪比神仙。在鼓浪屿，曾经就有一位这样的医生，大家都称他为"大辟仙"。他的名字，叫黄大辟。

从人潮拥挤的三丘田码头往鼓新路的方向走，你会看到许多人聚集在一个斜坡打卡拍照。在这个坡顶上，你会看到一艘"船"。准确地说，这是一栋鼓浪屿绝无仅有的轮船造型的建筑。不管是曙光初升的清晨，还是落日斜晖的黄昏，这艘"船"静静地"停泊"在这里，听着不远处大海的潮声，已经有一百多年了。

因为这独特的造型，人们把它称为"船屋"。

鼓浪屿"船屋"

一百多年前,在半夜三更,"船屋"后面的小矮房里常常会传出一些"异常"的动静。你能听到马儿从睡梦中被叫醒还带着睡意的呼呼声,马厩的门咿咿呀呀地打开了,接着是一阵匆匆的脚步声,再过一会儿,从楼下传来嗒嗒的马蹄声,声音沿着斜坡由近及远,消失在远处。

家里的孩子们有时会被这个声音吵醒,趴在窗边,看着祖父骑着马的身影渐行渐远。很多时候,他们再听到马蹄的声音时已经是天色微明,祖父牵马回厩。孩子们长大以后回想起来,每次回来,祖父带着倦意的脸上总有欣慰的笑容,但偶尔也有凝重甚至不安的表情——这种情况,一般就是病人已经不太行了。这时候,孩子们还会隐约听到祖父轻轻的叹息声。

鼓浪屿上从一开始到现在都没有机动车,而在当年,因为岛上很多房子都像这样建在半山上,坡度很大,骑不了自行车。没想到,已经当了"祖父"的黄大辟医生,竟然自己学会了骑马,当有急诊的时候,便可以策马扬鞭,第一时间赶到病人的家中。

民国时期,除了纵横沙场的骑兵将士,在民间也有几位著名的骑马人。比如,西南联大时期著名的教授周培源,就是每天骑着马到学校来上课,成为当时的"西南一景"。

如果说,有人骑马是为了打仗,有人骑马是为了教书,而黄大辟骑马,则是为了救死扶伤。他的马蹄声,就是病人和家属能够听到的最令人心安的声音了。

黄大辟的父亲黄和成,是厦门中山路新街礼拜堂的牧师。这位虔诚的老牧师,给自己的三个儿子都取了源自《圣经》的名字。黄大辟排行第三,取的是《圣经》里的"David",用闽南话音译就是"大辟"。

黄大辟精湛的医术则来自他的老师——著名的鼓浪屿救世医院院长、美国人郁约翰。这位被称为"鼓浪屿白求恩"的牧师、医生,为闽南早期的医疗事业奉献了一生,最后因在行医中感染鼠疫,病逝在他深爱的这片土地上。

医者仁术,医者仁心。在郁约翰的调教和影响下,黄大辟成为救世医院著名的全科医生,在老鼓浪屿人的印象中,他医术精湛,而且医德高尚,秉承当时救世医院的宗旨,对于穷困人家,不但帮他们精心治病,还经常减免他们的医药费。

所以,"大辟仙"这个称呼,是源自人们内心的无上尊重。

"大辟仙"曾经在鼓浪屿买了好几幢房子,后来因为战乱陆续卖掉了,但这幢"船屋"一直是黄大辟及其后人的最爱。

因为,这幢房子的设计师就是救世医院的郁约翰先生。房子所在的宅基地,正好处在两条小巷间的三角地带,一般来说,这种位置很难建造出规整的别墅。但这难不倒创意爆棚的郁约翰,经过一番琢磨,两人达成一致,干脆,就把房子建成一艘"船",既顺应了地形,也生动别致!

为了让别墅更像一艘海轮,郁约翰特意把别墅左右的直角墙体砌成135度的弧形角,还在别墅主体建筑上面开了两排圆形透气窗,看起来就像是轮船的驾驶台。当登上这个"驾驶台"的顶部,就像站在了船的最高处,远眺大海,航船穿梭,海鸥飞翔,人的心胸顿时开阔了起来。

也许,最好的"风水",便是人心。从"船屋"中走出来的人,都有着不一样的心胸。黄大辟一生行医,救人无数,至今仍被一代代鼓浪屿人所传颂。他的儿子黄祯德继承了父亲的事业,从上海圣约翰大学医学院博士毕业后,就回到救世医院工作,成为著名的五官科专家。

1948年,黄祯德成为救世医院第一位华人院长。

厦门岛临解放前,黄家和许多当时鼓浪屿的大户人家一样,因为家族有不少人在国外和香港定居,于是决定,先去香港"避一避"。但黄祯德考虑再三,决定自己一个人留下来。毕竟,医院还有那么多工作,有那么多病人，无论怎样的炮火纷飞，他不能走。

妻儿老小从"船屋"出发，坐上了去香港的船。黄祯德目送轮船远走后，便急匆匆地赶回了医院。他留下来，不但保护了救世医院，让它正常运作，他带领着医院的医务人员救治了许多参与厦门解放的指战员，还把医院完好无损地交给了新的人民政府。

黄祯德夫妇和孩子们

此后，黄祯德担任院长数十年，成为人们交口称颂的一代名医。而他的子女，小时候在窗口凝望祖父深夜出诊身影的孩子们，也大多承继了祖父、父亲的事业，名医世家，延绵不绝。

这一家人与鼓浪屿上的许多家庭一样，都喜欢音乐，几乎都受过音乐训练。每逢周末，主人就会邀请医生护士到家里弹琴唱歌，举行家庭音乐会或沙龙，美妙的演奏声正是由家里的一架莫尔钢琴传出的。

在"船屋"的院子里，至今仍然有一口井，人们现在还在用这井里的水泡茶。据说，它比矿泉水还要清甜。

夜深人静，煮开井水，泡上一壶工夫茶。面朝大海，春暖花开，在满耳的涛声里，或许，你还能隐约听到，当年深夜里，那疾驰而去的马蹄声。

听说先生来过

在小岛的雨巷

烟花落雨

满纸写不尽

那些岁月斑白的鸟鸣

于是星星点灯

在你走过的巷口

24 虞愚：今朝双手黑，明日彻心红

20世纪70年代，一个冬季的夜里，王守桢略带忐忑地敲开了邻居虞愚先生家的门。

这位后来成为著名篆刻家的王守桢此时还只是一个篆刻爱好者，而比他年纪大一倍的虞愚先生彼时已是著名的哲学家和书法家。正好碰上老先生住在鼓浪屿福建路34号疗养，王守桢心想，这可是个好机会，但深夜到访，不知道会不会被拒绝呢？

虞先生虽已年过六旬，但依旧神采奕奕。听明来意，竟然爽快地答应了，王守桢翻开自己的两本篆刻作品，老先生边看边称赞，很是欣赏。但毕竟是第一次见面，不敢叨扰太久，王守桢于是寻了个空隙就匆匆告辞了。

回到家中坐下不到十分钟，王守桢就听见有人敲门。开门一看，竟是虞先生，原来，先生喜欢他的作品，于是按照礼节，特意上门做一个回访。

自此以后，两人成了忘年交，王守桢几乎每天晚上都到虞先生家，海阔天空地漫谈文化艺术、旧闻掌故，小小的房间里常常充满欢乐的笑声。

虞愚先生1909年生于厦门，原名虞德元，后改名为虞愚，号"北山"。他曾告诉王守桢这个号的由来，说是有一位朋友告诉他：你和愚公同名，应当以"北山"为号。而虞先生的一生，该是参透了

虞愚

131

这个"愚"字的真谛。

虞愚幼年在厦门就读，自小向往研究佛学，16岁中学毕业后，到武昌佛学院求学。有一堂叫作"二十唯识论"的课，最让他感兴趣，他和"因明学"的渊源也因此而起。"因明学"在当时被认为是一门"绝学"，是佛教用来诠解哲学思想的形式方法，极为深奥。

1926年，国民革命军北伐，武昌佛学院受战争影响停办。虞愚只好陆续考入上海大夏大学预科、厦门大学教育学院心理学系就读，后留在厦大任教员。任教期间，他发表了人生中的第一篇论文，名字就叫《因明学发凡》，一举成名。此后一生，他孜孜不倦地传播逻辑学和因明学，终成一代大家。1989年逝世于厦门，享年80岁。

虞愚之所以为大家，不是摆谱，也不是故作高深，而是人如其名，"大智若愚"。

在王守桢的记忆中，虞先生的故事有一箩筐。有一次，邮递员在院里大声喊："卢牛，卢牛！"喊了半天，虞先生才反应过来。原来邮递员识字不深，把"虞愚"自作主张地念成了"卢牛"。过后，虞先生干脆自诩为"牛"，把这个称呼当成别名了。

哲学家治学严谨，对生活中的小事也是一丝不苟，甚至让人觉得有些"奇怪"。他喜欢抽烟，有时他拿出一包香烟要抽，突然又想起什么，拉开抽屉一顿好找，找了半天，原来是找出一把剪刀，然后用剪刀很小心地在香烟的包装上剪出一个小方口，这才抽出一根香烟来。人家问他，用手撕个口不就行了，可是老先生一本正经地解释说，用手撕不好看呀！

大学问家的严谨和生活中的无穷情趣，正因为这个"愚"字，在虞愚的身上得到了巧妙的统一。

有一次，王守桢发现老先生走路时肩膀有点左斜，以为骨头有什么毛病，忍不住问他。没想到，虞先生哈哈大笑说，以前教他们国文的一位老师，学问渊博讲课生动，同学们都喜欢听他的课，还会模仿他的动作、口气，这位夫子走路时肩膀有点左斜，同学们居然也竞相模仿。在所有的学生中，就数虞愚模仿得最像，经常是老师在前面走，他就在后面跟。结果，这么一学，这反倒变成了他走路的"习惯"了。

虞愚在厦门大学执教时，当时厦大为了免受战乱之扰，曾经迁到福建长汀。校长萨本栋和他谈话，说自己需要一个秘书，想请他来当。

这件事，害得他好几个晚上睡不着觉，后来琢磨来琢磨去，不知道有没有运用了"因明学"的逻辑，才想出了一个"办法"。第二天，他起了个大早，跑到厨房"面见"正在做早饭的校长夫人，请她帮忙"说情"——先让他参加教学，多做些教学实践，秘书一职，能不能另请高明，不过呢，如果校长有什么需要他帮忙的，一定尽力。

于是校长太太端着早饭去找萨校长，校长一听，无可奈何，只好答应了他的要求。

没过多久，恰逢端午节，长汀举行纪念屈原大会，公请萨校长主祭。萨校长是当地身份最高的人，自然义不容辞，但是实在太忙，于是就让虞愚代拟祭文。虞愚很用功地拟了一篇古风十足的骈体文，萨校长看后沉吟半天，说："还是麻烦你替我念罢。"他只好遵命，穿了长衫马褂，登台诵读，念完下来已是满头大汗！

虞先生有一句话说得好："圆满的人生，既需要'理智'的科学，又需要具有'情趣'的生活艺术，这好比鸟之双翼，车之两轮，缺一不可！"

在鼓浪屿的时光里，王守桢深得虞愚先生之教诲，后成为一代篆刻名家。老先生特意为他的篆刻写了一首诗，读来字字珠玑：

风雨孤灯勒肺肝，摩挲篆刻不知寒。
此中自有精微在，莫作雕虫小技看。

悲盦笔墨开生面，苦铁精神接大荒。

并入明窗三昧手，奏刀字字挟风霜。

"文化大革命"时，虞先生在中国佛学院任职，被打成"反动学术权威"，除了诗书字画尽被焚抄一空外，还被打发去劳动改造。很多同仁也碰上这些事，痛不欲生，但虞愚反倒像没事人一样，该劳动劳动，晚上有机会，还是偷偷地找书来看，继续做他的学问。

有一回，虞先生与赵朴初先生一起捏煤球。苦中作乐，赵朴初信口赋诗一句："今朝双手黑。"虞先生不假思索，马上接了一句："明日彻心红。"

两人相视而笑，旁边看管他们这些所谓"黑帮"的工头听了，居然也觉得有趣，跟着他们笑了起来。或许，至情至"愚"，像热爱学问一样热爱生活，才是人生的大智慧吧。

我知道
那个美丽的姑娘还在窗后
那条我们走过无数次的
小巷
脚步如琴键
黑白熟知的故乡
当夜曲奏响的那一刻
月亮也听见了少年的呼吸
海和浪都在为我们祝福

蔡丕杰:第五夜曲的暗号,「No love, no life」

"蔡老先生,今天来,是想来采访一下您父亲的故事。"

听明来意,老人点点头,从沙发上起身,走到钢琴旁,拿出一摞已经放得有点发黄的乐谱给记者,打开唱机,对记者说:嗯,我先给你听一首我父亲爱听的歌曲。

这首歌曲叫作"Beautiful dreamer"——"美丽的梦中人",是美国著名音乐家斯蒂芬·福斯特的代表作,是一首优美动人、充满梦幻色彩的抒情曲:"美丽的梦中人,我歌中的女神,我用那温柔的歌声,深深爱着你。世事浮华已烟消云散,美丽的梦中人,快为我醒来。"

在初春的黄昏时分,落日的余晖透进客厅,照在那叠乐谱上,映出温润的光芒。一曲完毕,记者拿起笔,准备接着采访。老人却又站起身来,找出了另一首曲子,转头对记者说:

"不着急,其实我父亲最爱的曲子是这一首,你再听一听。"

记者的笔再次停住。循着乐声,她的思绪被带到了另一个闲适的夕阳西下之时。这该是20世纪30年代的某一天吧。

某个黄昏,一个相貌英俊的小伙子,正在开满了凤凰花的笔山路上徘徊。三三两两的人群从他身边走过,欢声笑语。小伙子竖起耳朵,一脸焦急,他朝那幢房子走了过去,却又在快到时踌躇地退了回来。

他既想被看到,又不想被发现。这个原本每天下班都要经过的门口,如今像是一个隐藏着他未来"密码"的音乐盒。他在期待一段由黄昏潜入神秘黑夜的乐章,如果这旋律响起，再黑的夜，都将是明媚而灿烂的。

那时的鼓浪屿，很多家庭都有钢琴，男男女女都弹得一手好钢琴。几周前，这位叫作蔡丕杰的小伙子，给自己暗恋的女孩叶秀懿写了一封信，信中说："如果你接受我的爱，请在我走过你门前时，弹一首雷伊巴赫的《第五夜曲》。"

蔡丕杰与夫人

从这封带着"暗号"的信寄出的第一天起，蔡丕杰都会准时在下班的路上经过女孩家门口，然后紧张地望向那扇窗，仔细听着，生怕错过了钢琴曲。有时，附近邻居的家里真的飘出了钢琴声，那是谁家的小姐少爷在练琴呢？听起来生涩、无趣，总不如自己爱恋的那个人弹得亲切可爱——没错，这时候在他的世界里，就只有一个人弹的琴声是最好听的！

可是啊，这一天天的，怎么就听不到自己要的那段旋律呢？

相恋是一件多么奇怪的事情，当话没有说出口的时候，两个人眼波流转之间便可以说明一切，体会一切。然而，当你真正发出"暗号"之后，世界仿佛缄默了，安静得连枝头上蜜蜂的叹息、树丛里蝴蝶的私语，都能听得清清楚楚。但你仍然听不见最想听的声音。

窗口如同上了锁，加了密，那熟悉且温暖的灯光依然透出来。小伙子继续徘徊，而身边的人声也逐渐远去了，今天，怕是又听不到那音乐了。

嗯，明天，再来。就在他决意迈开步伐离开时，突然，一个音符精灵一般地从窗口溜出来，一把抓住了他的衣领；接着，音符一个连着一

137

个飘了出来，如同幸福的"捆仙绳"，把这个乐得忘乎所以的年轻人捆得死死的，一步都迈不开了。

是的，就是这首《第五夜曲》。窗里的姑娘，终于下定决心，弹出了自己的心意。她知道，外面有个傻傻的人，已经等了好长时间了。

一曲未了，记者已经沉浸在乐声讲述的故事里，她明白了老先生为什么要让她听这两首曲子。"在我父母的那个年代，他们表达爱意的暗号，含蓄却浪漫。"老先生笑着说，"音乐成了父母的爱情信号，而从那时候起，父亲的这一辈子，似乎都有自己的'背景音乐'。"

记者也跟着笑了，没想到蔡丕杰先生与夫人之间有这样一段带着音符的佳话。想起自己来之前查过的资料，蔡丕杰先生，著名的英文研究专家、教育家，曾在英华学院、协和大学、香港圣保罗书院教英文，最后在厦门大学退休，有五十余年的教学生涯。在鼓浪屿成长起来的好几代人，很多都曾受教于蔡丕杰。不过，现在看来，他的生活里不只有英文啊。

蔡老先生说：那我再给你说个事好了。以前，我父亲经常请学生来鼓浪屿的家里上课，不要误会，这不是现在的收费补习班，完全义务，而且还有茶喝，有点心吃呢。

上课过程中，老师会打开钢琴盖，亲自弹一首西洋曲，然后问："这首曲子哪一段最好听？"学生们答不出来。老师又问："是不是鸟儿在林子里那段最好听呢？"

在学生们窘迫于自己音乐修养有限的时候，老师大度地说道："想要学好外语，也要懂得欣赏西洋音乐的。"他顿了一顿，又看着学生们说，"大家记住，No love, no life; No work, no life.（没有爱就没有生命，没有工作就没有生命。）"

这句话，让父亲的许多学生记了一辈子。爱与工作，奇妙地融入他一生的教育事业中。有一天,他们终于明白老师要说的道理,英文也好,音乐也罢,人生一切的知识、修养和情趣,是共通的,复合的。

父亲和母亲,从当年的《第五夜曲》开始,和音乐相伴了几十年。

"从小,我父亲就这样告诉我。所以,我一直热爱音乐,当我听到一些非常好的音乐,并从陶醉中苏醒过来时,就有一种强烈的愿望——要去做一个高尚的人!"在回忆中,蔡老先生的脸上闪出一种青春的光芒。

他记起,1975年,也是一个春天的傍晚,他和几个同事走在校园的小道上。忽然,学校的广播里传出一首乐曲。啊,这是贝多芬的《田园交响曲》,而且是他最喜欢的第二乐章!原来,学校的广播正在转播中央电台的音乐节目。在那个年代,居然,居然能够听到这样的乐曲——那些年,所有高雅音乐几乎都被当作"垃圾"一扫而散。

当时,他突然感到一阵眩晕,不由得紧紧抱住身旁的电线杆,热泪夺眶而出。同事们问他怎么回事,他一时难以回答,脑海里浮现出的是普希金的一首诗:"我的心狂喜地跳跃,为了它,一切又重新苏醒……"

多年以后母亲已经过世,有一天,作为政府公务人员的他要赶去福州参加一个会议。临行前,他看到年迈的父亲坐在沙发上,已然有些虚弱。想起自己因为工作忙,疏于和父亲谈心,便说道:"爸爸,我给你弹一首曲子听。"

他弹的是父亲最喜欢的那首《第五夜曲》。一曲弹毕,回头看,父亲的脸上流淌着两行泪水。是幸福,是欣慰,还是回忆的感伤?当时,他未来得及多想,匆匆告别父亲。

当晚,在福州,他接到了父亲病危的通知,连夜赶回厦门,却没来得及再与父亲见上一面。

太阳已经收起最后一丝光芒,万家灯火亮起。记者辞别蔡老先生,走进市井的喧闹中,却有一缕音乐仿如天籁,在夜色中久久回响,萦绕心间。

长长久久的沉默之后

飞机的轰鸣声和炮火在遥远地逼近

此时海从很多地方涌了上来

某人一手斩断琴弦

那颗心开始被分割又被吞没

小姑娘到大先生

就从小岛环视了世界

气定神闲

淡定从容

让我们都安静地听见

断弦的回声

26 "鼓浪屿的女儿"黄萱：欲将沉醉换悲凉

南国小城，月光如水的中秋时节，一场湖畔的雅集，人们聊着聊着，居然不约而同地聊起了一个人，鼓浪屿的一位"女儿"。

一位女诗人轻轻地叹了口气：黄萱，这才是鼓浪屿的气质呢。

这位鼓浪屿大名鼎鼎的女诗人在《真水无香》中写过黄萱的故事："她的人生经历让人嘘唏，更打动我的是她两张少女和老年时代的生活照，除了输给岁月的容颜，照片上最美的是她不曾败给命运的笑脸。"

她在《大美者无言》中写道："从黑白老照片看，黄萱的容貌应当不算太沉鱼落雁吧？无论在她养尊处优的豆蔻年华抑或是艰难困苦的抗战时期，她都绽放着最纯朴最率真的笑容，一览无遗地袒露洁白无垢的心地、恬淡内敛的聪慧，以及荣辱不惊的阅世方寸。"

"鼓浪屿的前辈们都是些性情女子！"女诗人不禁感叹道。说起这个人，雅集里的书法家、作家们也纷纷陷入忆念和怀想。在她从女子师范学校毕业之后，父亲重金延聘了四位名师，分别教授她国文、英文、音乐、女红，一对一地进行闺阁教育，而且一学就是五年，一点都不能松懈。经书格律，琴音茶香，打造出一个高尚、优雅而精致的女子。

这位"鼓浪屿的女儿"，自己可能也未曾想到，父亲那种带着严格期望的爱，在后来纷乱的岁月里，使她留有一种真正的"财富"。

"现在的人呀，动不动就说'岁月静好，现世安稳'，怕是他们还没明白什么才是静好吧。"在雅集的茶香中，作家发了一个感慨，又接过女诗人的话题，继续说了下去。

那已经是20世纪50年代，中山大学教授陈寅恪突然在家里发脾气，他把拐杖在地上用力地顿了几顿，满脸却是小孩子一样的怒气。

一位穿着那个年代典型的女士"两用衫"的中年女子，看着老先生的表情，轻轻地摇了摇头说：也罢，我还是不离开了。听得此话，陈寅恪的脸上马上阴转晴，赶紧交代黄先生接下来的工作。那已经将近双目失明的老先生，并没看见，这位"黄先生"已经如往常一样，从书架上娴熟地拿下《柳如是别传》的书稿和其他资料，准备听他的口述，继续这一天的"助教"工作了。

这是一个中国旧貌换新颜的时代。早已褪去"鼓浪屿首富黄奕住之女"光环的黄萱，以岭南大学医学院院长夫人的身份，从事着一份被称为"助教"的工作，而且，一做就是13年。

黄萱与丈夫周寿恺的结婚照

在跟随丈夫周寿恺来到岭南之后，黄萱惊喜地发现，他们的邻居竟然是大名鼎鼎的当世大儒陈寅恪。周寿恺是医生，所以常常帮陈先生看病；而陈先生登台授课时，黄萱也和许多慕名听课的教师和家属一样，成为陈先生讲台下的忠实"粉丝"。

不过，陈先生的主要工作自然还是做学问。老先生患眼疾多年，眼睛已经基本看不见了，1952年11月的一个上午，黄萱经同院教授陈国桢夫人关颂珊的正式推荐，来到陈寅恪家里试任助手。陈寅恪虽早已目盲，却能一下辨认出助手的不二人选。黄萱的学识、教养、阅历，让她成为最合适的人。在漫长的13年中，陈寅恪唯一一次对黄萱发脾气，大概就是她提出辞呈的这一次了。

其实，黄萱是因为要搬进城里居住，担心来回不方便，在她心中，老夫子的这份人文气息浓郁的"助教"工作，哪里那么容易舍得？她很快收回了辞呈，每天仍坚持来回挤四小时的公交车到陈家"上班"，而且在当时，陈寅恪也只能给她微薄的工作补贴。

日复一日，年复一年，面对面相处的是一位目盲多病的老夫子与一堆堆纸页发黄的古书旧卷，看起来沉闷单调，也不免细致烦琐。但黄萱沉醉其中，把这份工作当成了自己人生中一种最大的快乐。陈寅恪晚年最重要的学术成果，数百万字，如果没有黄萱，不知道又会是怎样的情景。

1964年，陈寅恪由夫人代笔，专门为黄萱写了一份工作鉴定意见：工作态度极

陈寅恪

好，学术程度甚高，能够独立查找资料并能贡献意见，修改我的学术缺点。其中有一句话说得十分恳切："若非她帮助，我便为完全废人，一事无成矣。"

"嗯，如果没有悲伤与之平衡，那么快乐这个词将失去意义。"在一旁静静听着的一位书法家，也补上了自己的一块"拼图"。

1969年，"文化大革命"风暴席卷中华大地，陈寅恪含冤去世。而几乎就在一夜之间，黄萱的丈夫，作为第三届全国人大代表的周寿恺，被打成"反动学术权威"和"国民党特务"，无休无止的批斗、暗无天日的监禁、精疲力尽的劳改……

1970年春天，又一次遭受暴打之后，腹部剧痛的周寿恺被送进了医院。

治还是不治？在那个特殊的年代，这样一个曾医治过无数病人的医学大家，就在等着文件层层上报的过程中，痛苦地离开了人世。被下放到五七干校的黄萱，奔波300多公里赶回广州，看到的却是天人永隔的丈夫躺在一副担架上，一只手还垂吊在担架外。连哭都来不及，监管人员就把她的丈夫送进了火葬的窑炉。

世事无常，人生如梦。离开广州，黄萱重返阔别30多年的故乡——鼓浪屿，住进了漳州路10号，这是老父亲为她留下的一幢别墅小楼。

小楼只有两层，有着斑驳污渍的墙体已经看不出当年的辉煌。二楼卧室里的书柜，放的都是她带回来的《四部备要》《二十四史》《全唐书》之类的典籍。在陈先生身边工作的时候，这些书，她不知道翻检过多少次，留下了一处处印痕。

一楼，摆放着一架钢琴。偶尔，这位深居简出却依然优雅的老人，还会用自己细瘦的手指，在黑白琴键上弹响一些悠远的声韵。也许是从少年时期就开始弹奏的贝多芬的《悲怆》《告别》《月光》，或是柴可夫斯基的《回忆留恋的地方》……

在儿女们的记忆中,每到父亲周寿恺的忌日,黄萱都彻夜未眠。孩子们都知道,当年父母定亲之时,父亲曾经因为黄家是巨商,一度想悔婚逃离,但母亲认定一辈子只跟这个人。而外祖父黄奕住的大度,也最终促成了这段好姻缘。

假如不是难测的世事,这和美的一家人,才该是真正的"岁月静好"吧。

书法家说完这段故事,人们有些沉默了。

雅集里的香燃尽了,该散场了。作家和书法家送诗人上渡轮,因为女诗人就住在鼓浪屿,需要坐船过渡。这正好是一个超强台风刚刚过去的夜晚,狂风暴雨浇灭了往日的喧嚣,灯火零星,游人稀少,街市寂寥。

"又可以听到风吹叶落的声音了……"女诗人轻轻地说。

作家则好像听到了一曲琴音,从对岸飘来,隐隐约约,似有若无,舒缓而又惆怅。

书法家的心头,电光石火般地跳出晏几道《小山词》里的两句:"欲将沉醉换悲凉,清歌莫断肠……"他忍不住要赶回去,铺开纸,把这两句话写下来。

直到现在,这个城市里仍然有人这样称赞女孩子:"这个女孩一看气质就是鼓浪屿的女孩。"

她博才而灿烂,从容而坚定,像极了人们口中传颂的鼓浪屿女子该有的模样。

有如一只大鸟

忽地飞过天空

我抬了抬头看见鼓翼的声音

那些被刻在石头上的文字

一百年后依旧朗朗清新

蔡元培：步履不停中的鼓浪屿"小憩"

1927年初，虽为初春，实际上还是冬意浓浓的时节。几艘本应是装着一箱箱带鱼的小帆船正从浙江急急驶向福建海域，船上竟藏匿了几位老先生。

"舟出福州湾，风浪颇恶"，入夜之后，东北季候风大作，几艘漂泊在海上的小船时而倾斜起伏，在风浪中摇摆，闻着满船的鱼腥味，听着船家转舵时呼叫的声音，几位老先生不免觉得有点毛骨悚然，似乎只要一个稍不留神便会跌入大海中。只有一艘船上有位清瘦却气度不凡的老先生，不但没有晕船，还终夜在打着"腹稿"作诗，让同行的人不由得心生佩服。

说来也是，这可是曾经的北大校长蔡元培先生，他革新北大开"学术"与"自由"之风，不仅是教育界的泰斗级人物，也是一位名副其实的革命者。难怪，他如此淡定！

蔡元培

蔡先生此回厦门之行究竟为何目的？相关史料记载甚少。但经查阅，从与蔡元培此番同行的马叙伦的个人自传《我在六十岁以前》中可得知，当年二人一同来厦，是为了躲避军阀通缉，而非特意来厦调解学潮。蔡先生自己心里自然也如明镜儿似的——他这一次渡海到福建，算得上是仓皇出逃！这当口，他已正式辞去了北大校长的职务，初到上海时，他又往返于江浙各地，参与皖苏浙三省联合会工作，公推他为委员会主席后，他发表言论，主持集会。联合会提出的第一条政治主张就

147

是划这三个省为民治区域。这惹怒了当时的闽浙皖苏赣五省联军总司令孙传芳，他下令取缔这个联合会，缉拿以蔡元培为首的团体领袖。

孙传芳下达的命令是"格杀不论"，秀才遇到兵，还是走为上计吧，所以便有了这次几乎让蔡元培颜面丧尽的"海上漂流"。到了福州，正好遇到厦门大学教授顾颉刚，二人相见甚欢，你言我语，顾颉刚向蔡元培说起厦大的情况，告知厦大现已聚集了一批学者。显然，这位曾经认为厦大不宜速办的老先生心生好奇，很想知道现在厦大办得怎么样。

蔡元培欣然同意顾颉刚的邀请，决定到厦门小住几天。到达厦门之后，蔡元培一行人在林语堂的安排下，住进了鼓浪屿的"厦门酒店"。正如顾颉刚所说，厦大集合了一批著名的学者，比如沈兼士、顾颉刚、罗常培、张星烺、陈万里、孙伏园等，颇有点"北大南迁"的景象。北大老校长到来，大家自然是衷心欢迎，一天里，参观、演讲、公宴、私宴排得满满的。

不过，这位老校长在厦门赴宴时的表现有点让人摸不着头脑。在一次厦大的宴会上，有人吃着吃着突然站起来发表起了言论，声称现在学生不安分读书，专搞政治活动。蔡元培闻声而起，疾言厉色地说道："只有青年有信仰，也只有青年不怕死。革命工作不让他们担任该什么人担任！"

第二天，他应厦大浙大同乡会邀约，汇报浙江革命工作，突然间，老先生竟当众失声痛哭，对其中的动情之处，在场的人不得其解。

这一天，竟是他的60岁寿辰。这可真是一个特别的生日。在时人的眼中，以"思想自由、兼容并包"而缔造了北大精神的蔡元培，最主要的"身份"，是一个风光无限的教育家。但或许也只有他知道，在一个特殊的年代，一个以改造和变革社会为己任的士人，此时此刻，心中的悲苦从何而来。

很多人不知道，在血气方刚的年纪，他作为革命党人的"第一站"，是参与组织暗杀团，研制出威力大、体积小的炸药，准备暗杀清廷大员。屡经失败，他终于悟出了"知识育人、破除愚昧，才是救国之道"的道理。

很多人也不知道，以北大青年学生为主力的"五四运动"之后，这位全国高校最知名的泰斗级人物却屡屡陷入困境。他一边为因"学潮"而被捕的学生奔波，一边也希望学生们能以学业为重。在他心中，热情可嘉，但过犹不及，学生的第一天职仍是学习。

蔡先生刚到厦门时，原本打算彻底地"放松"一下心情，却恰巧赶上集美学校正发生一次学潮，起因是校长禁止学生加入任何政党，学生便奋起罢课。正好蔡先生来厦，学校就请他居中调停，大概是蔡先生面子大，总算是慢慢平息下来。

与此同时，由于鲁迅辞职，厦大也闹起了学潮。厦大也想借他之力来调停，蔡元培研究了一下，发现此间"内容复杂，双方意见距离过远"，最后没有答应。

在厦门的那段日子里，有人发现，蔡元培更多的是夜宿鼓浪屿，在黄奕住的黄家花园、林尔嘉的菽庄花园徜徉，在郑成功的水操台边若有所思，也在自己的日记里认真记着厦门"通商"的历史、码头的贸易情况，甚至是厦门的罐头、铁锅和文昌鱼……

在鼓浪屿的短暂休憩，对于曾经步履不停的蔡元培来说，殊为难得。不久，他赴南京，陆续就任国民政府的大学院院长、司法部部长和监察院院长等职务，但他把精力主要放在组建中央研究院上，并出任院长，开始专注于文化教育和科技事业，相继辞去了其他职务。"九一八"事变后，曾经对共产党心存疑虑的他，以更加"兼容并蓄"的心态，推动国共合作抗日，还曾出面营救杨开慧、许德珩、丁玲等共产党员和爱国人士。

1929年,由鼓浪屿士绅组成的"鼓浪屿延平公园筹备组",想通过筹建公园来保护日光岩公地,同时征求社会名流题诗,做成摩崖石刻。鼓浪屿工部局华董李汉青向蔡元培发出邀约,没想到蔡先生竟欣然答应,很快就题了一首七言绝句。诗云:

叱咤天风镇海涛,指挥若定阵云高。
虫沙猿鹤有时尽,正气觥觥不可淘。

此诗似乎写的是当年郑成功在鼓浪屿操练水兵的景象,是典型的"蔡元培式"的吟唱——细细品来,你能读出其中的包容和胸怀,读出一种不激进、不退缩、具有韧性的革命精神。

或许,这样的诗意,早已萌发在他仓皇避难的"带鱼船"上,在他住宿这座小岛的酒店窗外,在浪潮拍岸的礁石旁,一路吟唱,应和着鼓浪屿的涛声节律,奇妙而悠远。

岛上繁花杂草重叠生长

太阳映照下的光影变幻

总有一些石头是搬不动的

总有一些故事涛声依旧

岛屿上的传说

都藏在大厝

还有那些烧不尽的焰火中

28 黄旭斋的大夫第与四落大厝：海上传奇的一段余音

黄昏的最后一缕日光照在水仙码头上时，茶摊和小吃摊便次第开张了。别小看了这些摊点，它们可是南来北往做生意的人们最重要的信息交换点。最近什么货紧俏、运费涨了还是跌了、哪里有海盗出没要小心行船，全在几杯茶的工夫里说得明明白白的。

每当船停靠在这里，黄旭斋都要上岸到码头打听这些消息。这是个勤快又精明的人，不满足于只是务农，先是自己划船搞运输，做点小本生意贴补家用。慢慢地，攒出了两条帆船，也雇了几个人帮工，开始做起近海生意。

这趟航行还算顺利，黄旭斋心满意足地跟码头上的熟人客套几句后正想回船休息，却听得不远处传来一阵吵吵嚷嚷的声音。

循声而去，看到一个面线摊前，一群人正围着一个衣衫褴褛的年轻人指手画脚。平日里笑脸迎人的摊主，此刻正怒气冲冲地对众人诉苦："吃了我十碗海蛎面线，说自己身上一文钱都没有，就想走，天下哪有这样的道理！"

再看那年轻人，头发散乱，脸上脏兮兮的，但看他的形色，却也不像是个码头上骗吃骗喝的小混混。只是众人齐声指责，一时间变了脸色，却又不好发作。

眼看着就要闹僵，黄旭斋拨开人群，走到摊主跟前，拍拍他肩膀低声说："人都有难处，你看看多少钱，我帮他付了。"

摊主一看，这位客官是熟客，掏出的钱正正好，便收下，拱手道谢。黄旭斋又掏出一些碎银子，走到那年轻人跟前，说："这位小兄弟，这点银子带在身上，这样方便点儿。"

年轻人面上显出一丝愧色，却也不说话，只是盯着黄旭斋的脸看了半晌，作个揖，便转身离去。众人摇摇头，也便散去了。

一晃又是几年过去，黄旭斋的海运生意做得顺风顺水，手下已经有了十几条帆船，生意做到东南亚各国。话说这一趟，他自己亲自押一船重要的货物去新加坡，一路上风平浪静，眼看着要过漳泉水域了，却听得身后一声炮响——他心里暗叫一声苦！

果然，一艘盗船呼啸而来，将他的船逼到岸边，把船上的人和货都转移到盗船上，船上的人被五花大绑着运到了东山岛，最后被关进了一个山洞。黄旭斋听同行说过，被海盗绑了，货物没了不说，不再拿出点金银打点，怕是小命都不一定保得住。

正在苦思对策，只听得山洞外脚步声杂沓，不一会儿，一个年轻的头领模样的人大踏步进得山洞来，不偏不倚，正好与他四目相对。

"啊呀，这不是恩公嘛！"那头领愣了一下，随即两眼放光，纳头便拜，又转身让人赶紧给他松绑、上座，海鲜、美酒端上桌来。看黄旭斋还是一脸错愕，头领大笑说："恩公，可还记得水仙码头上的海蛎面线吗？"

没想到！当年那个吃霸王餐的年轻人，竟是个令人闻风丧胆的海盗头领。头领哈哈大笑，一边给他敬酒，一边细说往事。原来这头领名叫蔡牵，本也是穷苦人出身，只因打抱不平得罪了地头蛇，逃到海上做了海盗，后来自立门户做了头领，没想到是越做越"大"，成了这片海域的一霸。

那一次，蔡牵在打劫时碰上朝廷大队官兵，被打得溃不成军，只剩他自己一个人拼命划船逃命，逃到嵩屿海面时，弃船入海，钻到礁石群里的洞中，才捡回一条命。等他出了洞爬上码头，是又冷又饿，于是在小摊连吃了十碗海蛎面线，但此时身上竟一分钱没有，因此想趁机开溜。

153

没想到，被摊主抓了个现行，被众人围观羞辱，但他又怕闹出事引得官兵前来，还好这时黄旭斋仗义解围，否则都不知道该如何收场。

正所谓，盗亦有道。蔡牵虽为海盗，却也懂得感恩。黄旭斋为人豪爽，两人一时聊得投缘，干脆结拜成兄弟。蔡牵送他上船时，递给他一面小黄旗，交代他插在船头，可保无恙！

从此，在这面小黄旗的"庇护"之下，黄旭斋的商船果然在东南沿海一帆风顺，再没受到海盗骚扰，他也因此迅速发家，成为巨富。数年后，他偶遇蔡牵手下的海盗小头目，才知道，这位纵横海疆的大盗已经被清兵捉获，处以极刑。黄旭斋伤心不已，打探到蔡牵家中老小所在之处，不时接济他们，以感念这位兄弟的情义。

这段商人与海盗的兄弟情缘，广为流传。真实与否，虽然已经不可考，但传说之所以为传说，从来都是寄托着人们在世事纷扰之中，对于纯真性情和美好生活的某种向往。

黄旭斋靠海发财的年代在清朝，还是自明朝在漳州月港开放海禁之后的"黄金时期"，有商就有盗，像蔡牵这样横行海疆的江洋大盗，层出不穷。

在闽南为人所熟知的传奇海盗，还有一位海盗头领郑一的遗孀，被称为"郑一嫂"，她率领的红旗帮有五六百艘船，与清政府、葡萄牙及英国组成的联合舰队周旋。据说，有一次，她的舰队奇袭广州，在撤退途中又遭到伏兵，激战九个昼夜，朝廷的军队几乎全军覆没，而红旗帮只损兵折将四十余人。

如果你看过《加勒比海盗》，在里面的"九大海盗王"当中，那个女海盗的原型其实就是当年闻名世界的郑一嫂，不过在片中她的名字叫"清夫人"。

依海为生，所谓的"正"与"邪"之间，说到底，不过都是命运的沉浮而已。

鼓浪屿大夫第（组图）

发财之后的黄旭斋，在鼓浪屿置地，盖起一栋二落燕尾式四合院闽南民居建筑，并在二落大厝悬挂"大夫第"匾额，显赫一时，这座老宅也因此成为鼓浪屿人口中的"大夫第"。大夫第的主体是由一座二落五开间大厝和两排护厝组成，大厝前有宽敞的庭院，屋顶采用燕尾脊，护厝则用常见的马鞍脊，顶部有浮雕装饰，锦鲤悬鱼、飞蝶迎香、狮面吉祥，花饰秀美、寓意极佳，且具有浓厚的闽南韵味。

后由于黄氏一族人丁兴旺，为了族人居住的需要，又在其东南方向兴建了四落大厝。四落大厝的墙脚、窗棂均为工艺精美的白石，石雕的样式多样，门窗、架梁、斗拱等构件用木雕装饰，有时配以彩绘或漆金。

黄旭斋故去之后，其后人仍住在鼓浪屿的大厝里。

鸦片战争爆发后，英军一眼就相中这个背山面海、视野开阔的风水宝地，欲将它作为指挥营地，命令黄家子孙十天内搬出。

此时的清政府腐败无能，黄家上告无门。鼓浪屿百姓义愤填膺，而蔡家后人听到以后，也前来声援，组织一百多人的"护房队"，蔡牵长孙义不容辞，当了队长，派人轮流日夜守护，打更报平安。

英军见状，便采取武力强占，长枪对大刀，结果可想而知——"护房队"队长倒在了英军的枪口下，黄家人只好拖儿带女，躲至同安老家。到现在，在"大夫第"的石头上，还有英军刻的三角旗标识，见证着一段屈辱而悲壮的历史。

历史转动的齿轮往往错综复杂，东西方以各自不同的方式使东方与西方在政治、经济、文化等方面进行交汇。

西方人引领"大航海时代"，为争夺资源、建立殖民地在海上进行探险和扩张，在此期间，为欧洲带来了巨大的财富和力量，深刻地改变了世界的格局，但同时也给殖民地带去了不可逆转的负面影响。

东方则以古代中国的"陆上丝绸之路"和"海上丝绸之路"为起点，形成了连接亚洲、非洲和欧洲的古代陆上商业贸易路线，历经数百年的交汇，人类历史从大陆时代迈向海洋时代。这期间，商人与海盗、贸易与殖民、生存与斗争之间的故事道不清也说不完，但历史的横截面，往往存留在那些不起眼的地方，待你用心去发现感怀。

今天，当你登上鼓浪屿，路过"大夫第"，路过"四落大厝"，也许你放慢脚步，竖起耳朵，还能听到那一段海上传奇的余音，和着鼓浪声传来，依然会让人觉得历历在目，鼓动人心。

那个郁郁无雨的下午

一片钟声依旧

没有人知道

我站在门外

做一种永恒的姿势

海终将枯竭

29 郁达夫在厦门：从『郁闷』而至『练达』

"秋天，这北国的秋天，若留得住的话，我愿把寿命的三分之二折去，换得一个三分之一的零头。"

在我们曾经读过的课文里，相信很多人对这段话记忆深刻。我们也因此记住了一个名字：郁达夫。也记住了这么一篇经典的文章。

而为了表达自己对北国秋天的疯狂喜爱，郁达夫还把南方的秋天拿来做对比，说，在南方，"秋当然也是有的，但草木凋得慢，空气来得润，天的颜色显得淡，并且又时常多雨而少风……秋的味，秋的色，秋的意境与姿态，总看不饱，尝不透，赏玩不到十足……"

所以，南国之秋，"比起北国的秋来，正像是黄酒之与白干，稀饭之与馍馍，鲈鱼之与大蟹，黄犬之与骆驼"。

我们读课文的时候，通常先是欣赏文字的美，欣赏遣词、造句和意境。不过，如果老师问：这篇文章的中心思想是什么呢？不知，你将作何回答？

让我们看看郁达夫的内心世界吧。1934年，在民国文坛声名鹊起的后起新秀、同时也是一名愤青的郁达夫，在一片白色恐怖的氛围里，选择了用消极避世来应对，寓居江南，到处游玩。北平秋风渐起时，他再次饱尝故都的"秋

郁达夫

味",写下了这篇《故都的秋》。在他的笔下,北国之秋,"清""静",也有一丝丝的悲凉,而此时他的心中,也正弥漫着消极和积极情绪的纠结与斗争。

当时中国的许多文人士绅,都以自己的方式在摸索一个命题——国家和民族将走向何方。而看起来,郁达夫的方式是,继续进行一场场说走就走的旅行吧。

1936年的秋冬之际,郁达夫从日本去台湾考察,途经厦门落脚,住进了著名的天仙旅社。一路旅行,不免囊中羞涩。旅社主人吕天宝热情款待,免费提供食宿,请郁达夫为《厦门天仙旅社特刊》作序。

郁达夫心中暗喜,不免对厦门的秋多了几分好感。既然吃住的问题解决了,那一定要去拜访他心心念念的一个人。

此人就是李叔同,闻名遐迩的弘一法师,此时正在鼓浪屿的日光岩清修。其实,郁达夫对弘一法师仰慕已久,他在《记广洽法师》一文中说:"现在中国的法师,严守戒律,注意于'行',就是注意于'律'的和尚,从我所认识的许多出家人中间算起来,总要推弘一法师为第一。"郁达夫对弘一法师的评价甚高,但直到1936年,他才在广洽法师的帮助下见到了弘一法师。

那是1936年的最后一天,广洽法师与《星光日报》的记者赵家欣一起到郁达夫下榻的天仙旅社,陪同他渡海至鼓浪屿日光岩拜访弘一法师。这次拜访,同行的记者赵家欣有过这样的描述:见面时,弘一法师对郁达夫的名字很陌生。二人虽都曾留学于日本,但1913年郁达夫在日本留学时李叔同早已回国两年,1918年李叔同出家,郁达夫开始写小说,蜚声文坛,这时李叔同已经是脱离凡尘的弘一法师,他对郁达夫一无所知,拱手致意,略事寒暄,赠予佛书,也就此告退了。

二人见面时间虽短,但郁达夫对弘一法师情有独钟,后于福州写下

了一首抒怀诗赠予弘一法师,原诗文如下:"不似西泠遇骆丞,南来有意访高僧。远公说法无多语,六祖真传只一灯。学士清平弹别调,道宗宏议薄飞升。中年亦具逃禅意,两事何周割未能。"

同时代的著名文人中,郁达夫的才华是大家有目共睹的,其个人的兴趣之广泛、韵事之多也是不遑多让的,但他也从不忌讳谈及自己对女人的"爱",甚至将女性作为自己的理想来追求。对他来说,女人的爱,也是推动他奋斗、创造的动力。

郁达夫

在他创作文学作品时,也常常将个人的生活经历当作小说和散文的创作素材,毫不掩饰地勾勒着自己的思想感情、个性和人生际遇。

这是一个能够把人"立"起来的时代,不管是这个人身上所背负的家国情怀,还是关于他的爱恨纠葛,快意恩仇。就像虽然都曾经留学日本,郁达夫和李叔同、鲁迅,走的是完全不同的人生道路,却也完成了迥异的对于"爱"的人生诠释,各有各的立体,各有各的生动。

其实郁达夫和弘一法师在鼓浪屿会面之后还陆续有一些往来。比如,郁达夫曾付一块大洋托弘一法师代订《佛教公论》一书,后来弘一法师分文未取,把大洋又退还给他。全面抗战爆发后,弘一法师奔走弘法期间"特别通行证"过期,还请郁达夫帮忙找关系解决。

君子之交淡如水,而这个时期的郁达夫,正逐渐告别消沉,重新上路。不知道是不是因为弘一法师平淡而深远的启迪,郁达夫人生最精彩的"华章",正好也在他离开厦门后的日子高调展开。

1938年春，郁达夫参加了政治部第三厅的抗日宣传工作，用笔来鼓舞人们参加战斗。太平洋战争爆发后，他奔赴南洋组织"星洲华侨义勇军"，并以新加坡文化界抗日联合会主席的身份，成为南洋的抗日领袖之一。1945年8月，由于汉奸告密，他被日本宪兵诱捕，被杀害于苏门答腊的丛林中。

或许，人如其名，郁达夫，从郁闷，到练达，到成为一个真正的"伟丈夫"，以自己的牺牲来启迪后人。正如傅雷在《约翰·克利斯朵夫》译本序言里写的第一句话：

"真正的光明绝不是永没有黑暗的时间，只是永不被黑暗所掩蔽罢了。"

那只在岩顶上掠过的大鸟

和一株古老的树

讲了很多寓言

我们终于失去语言

只允许风和鸟说话

可以的话

还有石头

我们跟着石头住了下来

30 "巨富"光环下的黄仲训：To be or not to be

"To be or not to be, that's a question."在《哈姆雷特》的戏中，纠结的是王子，而在现实中，不管是在西方，在东方，在过去，在当下，这句话，回响于一个个自主或不由自主的悲欢离合选择之中。

就比如，民间流传着这样一个故事。在一艘从厦门出洋的轮船上，施光从和黄仲训二人打牌做消遣，一人押了自己的运输船队作筹码，一人则押了自己的别墅作为筹码。轮船靠岸时，胜负已分，施光从按照约定将别墅交给黄仲训。

如果老天爷选择的是另一种结果，这个鼓浪屿上"黄荣远堂"的传说，又不知该如何改写？

黄荣远堂

关于别墅易主的传言是否真实已不可考量，但可以确定的是，第一任主人施光从一家在此居住17年后，于1937年举家迁往菲律宾，别墅流转到黄仲训手中。

这栋别墅黄仲训自己并未入住，而是转赠给弟弟黄忠平，后来别墅成为他们的房地产公司的办公地，名为"黄荣远堂"。

黄荣远堂位于福建路32号，素有"鼓浪屿最浪漫别墅"的美誉。整座院落占地3000多平方米，主体建筑面积1200平方米，在建筑西北侧另有附楼。建筑风格受到曾在东南亚建筑中流行的帕拉迪奥风格的影响，它的建筑元素融合了希腊的廊柱、北欧的窗棂、中国的亭台。

但其实对黄仲训来说这一栋别墅也不算什么，他在成为一个成功的商人之前就已经是一个家境优越的"富二代"。他的父亲黄文华为当时越南华侨中的首富，死后其遗产由黄仲训与三弟黄仲赞掌管。

1918年他携120万银圆，到鼓浪屿设立了房地产公司，代表他的父亲，在鼓浪屿一口气建了50多幢别墅，其中包括著名的瞰青别墅和西林别墅。黄仲训经营的房地产业遍布我国香港和台湾，以及海外越南、法国、英国、美国等地，也因此被称为"房地产大王"。他与黄奕住并称为鼓浪屿的首富。

黄仲训

秀才出身的黄仲训颇通文墨，闲来无事时，他偏爱在鼓浪屿上的各处石崖题字，直到现在，当你漫步鼓浪屿日光岩的岩壁间，或许还能一不小心看到署名黄仲训的摩崖石刻。可是你可能不知道，当年日光岩有一部分就是黄家的私产。所以，在自家的花园题字写诗，也是天经地义。

可没想到这喜欢题诗的习惯竟给他带来了麻烦。有一次他兴之所至，在日光岩一块有圆孔的岩石上自己题了"郑延平水操台遗址"。这下事情闹大了，要知道，郑延平就是延平王郑成功，按照黄仲训的意思，这块石头所在地是不折不扣的古迹。

这一次，外面的批判声不断，甚至还成立了"讨黄组织"，就连厦门的报纸也被发动起来，纷纷抨击和谴责黄仲训侵占公地的行为。

眼看事情就要发展到自己不可控的地步，当时已入法籍的黄仲训找到法国领事馆出面交涉，后又找来当地名流调停。但这件事情本就是黄仲训理亏，一番拉锯之后，他咬牙让出一部分先前被他占用的土地。

不过，在那样一个个性勃发的时代，庶人尚且逢事张扬，让一个曾经有"好名之心"的文人、如今的成功商人，要做到低调的"not to be"，而不是随心任性的"to be"，真不是件容易的事。

时间往前再追溯几十年，黄仲训的父亲黄文华也正经历着"to be or not to be"的选择，最终，他决定顺着洋流到达越南谋生计。他先是在一家法国人开的典当行干活，深得老板信任，结果，法国老板病故托孤，将百万家产和孩子一并托付给他。黄文华不但将典当行打理得有声有色，还认真栽培老板的遗孤直至其大学毕

瞰青别墅

业,到最后还资助他竞选。

被钱追着跑的故事还没结束,在经商过程中,黄文华借钱给一个法国人帮其渡过难关,这个人投桃报李,将一块名曰"厚芳兰"的土地的开发计划透露给他,他购地转手后获巨利,一跃而成越南巨富。

父亲的选择,为黄仲训奠定了别人所不能及的基础。这个秀才出身的人,接手家族事业后,也不免殚精竭虑,将事业越做越大。只是,功成名就之时,"文人习气"爆发,为人高调,四处题字惹了一身官司。后来,在瞰青别墅不远处,黄仲训又建了一栋规模更大,风格迥异的西林别墅,据说,这栋别墅的建造仅是为了排解他心中因霸占公地被声讨的郁闷。

但西林别墅建造完成之后,黄仲训没有住过。日本人占领鼓浪屿之后,西林别墅曾被日军用作"鼠疫医院",抗战胜利之后这里曾做过伤兵营。他应该怎么都不会想到,几十年之后西林别墅会成为郑成功纪念馆的所在地。

在鼓浪屿受挫后,黄仲训越想越没意思,又转头回了越南。据说,黄仲训家族在越南拥有房屋三万多间,越南西贡堤岸半个城市的房地产均属于黄家所有。也有人绘声绘色地说:"黄家建造像城郭般的洋楼数百座,四周相连,中间盖了一个大市场及一座大医院。"但黄仲训这一去,正是日本人向东南亚大肆扩张的时候。没过多久,他在越南的典当行被日军取缔,堂堂黄大老板居然被日本人抓去做苦役,脱身之后,他悲愤交加,最终一病不起,撒手人寰。此后,黄家举家从越南迁往法国,其数百后裔至今仍以黄仲训父亲黄文华的名字为法语姓氏。所以,你要是在法国巴黎遇到拥有姓氏"HUIBONHUA"的华裔,基本上都是黄仲训家族的后人。

让人做出最后选择的推手,是流逝的时间,是变幻的时代。

黄仲训当年题过字的地方，如今大都成为人头攒动的旅游胜地。当你经过日光岩莲花庵后的一块巨石，抬头望去，有四个大字，是行书直题"九夏生寒"，落款为"铁髯书"。"铁髯"，正是黄仲训自封的名号之一。

望着这笔力尚可的四个大字，只听海风阵阵，一片清凉，令人心旷神怡。想必当年，黄仲训在落笔之时，该是如何的志得意满，又或许，回忆起年少时埋首书斋的日子，倒也令他更加怀想。

"巨富"光环下的黄仲训，在他的内心，是商人更多些，还是文人更多些？谁知道呢。"To be or not to be"，永远都是一个"Question"。在人的一生中，许多不经意做出的选择，或许就是生活最大的变数。就像黄仲训这充满争议的传奇人生，他家财万贯，有着文人的清高秉性，也有商人的精明重利，他处事高调，虽有霸占公地之过，但也乐善好施，为民生、教育事业不吝解囊。而他的后代，多移居于法国或美国。

悲也好，欢也好，离也好，合也罢，终归做一个真实的人，留下些真实的故事，有一天让人偶然抬头看到。

当多重奏响起

在古老的大厝

当汽笛声回荡

在遥远的小巷

那条未曾修完的大路

和小岛上俊美的青年

在爱丁堡和鼓浪屿的和弦里

穿梭交织着晴朗的恋曲

31 雷厝里的记忆：东方建筑师雷文铨

鸦片战争之后，伴随着枪炮声，外国列强入侵，沿海的口岸被迫开放，厦门作为首批开放的城市，成为近代西方势力伸入中国大陆的起点之一。鼓浪屿由于特殊的地理位置，成了华洋共处的居住地。中西文明在这里交汇，加深了中国半殖民地化的同时，也引进了西方近代先进的文明成果。

19世纪50年代，一名泉州的年轻医师来到这里并留了下来，成了鼓浪屿第一个华人西医，他叫雷正中。鼓浪屿上一栋名为"雷厝"的两落红砖厝为雷医师所建。雷厝无不体现闽南红砖厝深厚的中国传统文化底蕴：一正两厢的宅院格局，花式红砖灰墙面，材质和色彩形成鲜明对比。门梁、门柱、台阶、栏杆均用花岗岩砌筑，窗套则采用绿色大理石；"双坡曲""燕尾脊"，房屋各处细节以及家具设计都别出心裁，值得细细观赏品味。大门上有"派衍璜溪"四个大字，大门两侧嵌入石板阴刻对联，字体遒劲有力。对联共有两副，一副已毁无从分辨，另一副刻写的是"雷氏为恒继绳罔替""氏族乃萃瓜瓞长绵"。既写明了主人从未忘却的家族传承，也低调炫耀了雷家千年的烟火相传。子孙昌盛，原本是中国人最大的追求。

这栋老宅见证了雷氏一族一代又一代的出生与成长。雷家人才辈出，第三代中更是不乏传奇与优秀人物。比如，1888年出生的雷文铨，他的爷爷正是雷厝的建造者雷正中，鼓浪屿早期的华人西医；他的父亲雷源崇是晚清秀才。

雷文铨曾就读于英华中学，据说教授他的英国老师非常欣赏他，让他前往英国求学，而他去英国留学时年仅12

岁，后入爱丁堡大学专攻土木工程专业学习，获硕士学位，在英国一待便是十年，刚回来时连中文都不大会写。学成归国后，他先是任英华书院教席一年，后赴北平任治河处工程师，并在燕京大学兼职。

有关他的资料极少，文字极为简略，就连生卒时间都语焉不详地带过。但这短短的几行文字，概括了他短暂且丰富的人生。《厦门人物辞典》里是这样记载返回闽南之后他的生平事迹的：

雷文铨

> 返闽后，任泉安汽车公司总工程师，勘定泉州安海线，同年主持厦门市政建设。后任韩江治河处总工程师，翌年又返泉安工作。1936年赴京，任京衢铁路河沥溪总段长。后在西南服务，历任滇缅铁路工程师、西南运输公司总工程师、贵州省建设厅技正等职。抗战胜利后病逝于缅甸仰光。

雷文铨归国，正值福建兴起"经济民族主义"，许多华侨纷纷投资开矿修路之际。1913年，雷文铨应同住鼓浪屿的医生吴资深之请，担任福建永德安公司总工程师，负责安溪潘田铁矿的测绘铁路及矿区明细图，用以申报采矿权。

1914年，雷文铨遇到了与他一样怀着满腔热血，希望通过实业救国的安海华侨陈清机，并受陈清机之聘担任总工程师勘定泉州安海线，但因当时军阀混战、封建势力阻挠等多种因素，致使筑路计划成了泡影。

陈清机被迫东渡日本，雷文铨去了北京，工作于治河处，并在燕京大学兼职任教。1919年，他的校友庄士敦担任末代皇帝溥仪的老师，雷文铨甚至当过一段时间的帝师助手。

1919年，陈清机在安海创办福建省最早的民办汽车运输企业，雷文铨再次受陈清机之聘成为总工程师，在安海同时开泉安公路的筑建和安海大街的改建两大项目的工程勘测设计工作。泉安公路至1922年全线完工，总长28公里，这是福建省第一条民营公路，雷文铨率先将欧美技术标准应用于道路建设中，泉安公路坡度平缓，方向正确，当时被誉为国内设计最佳之路线。

1923年，雷文铨在漳州新华路十字中心区设计的一座西式纪念亭——延誉亭，因为底座有三级同心圆台阶，被当地人称为"圆圈"，成为漳州地标性建筑。

1926年，菲律宾华侨叶青眼着手改组工务局为泉州市政局，聘请雷文铨主持泉州旧城改造项目的设计及施工。雷文铨计划拆除旧城墙，对古建筑进行规划和保护，开辟新的马路、向城南扩建中山路，路宽达12米的中山路汽车、电车皆可通行无阻，边缘采用种植草木的方式进行绿化；道路两边设计2.5米的露天人行道及2.7米的骑楼人行道；街道两旁建筑规划统一采用欧陆建筑与东南亚建筑特点相结合的"五脚基"形式。泉州中山路耗费二三十年才完成，有着百年骑楼老街之称，是我国保存最完整的连排式骑楼建筑商业街，成为闽南商业街建筑的重要代表，2010年被评为"中国十大历史文化名街"之一。

那时国内推崇西学东渐，西方文化势力强势，甚至出现了大量洋派建筑，国内建筑师心中略有不平。雷文铨对传统建筑艺术十分推崇，曾在1926年《厦门大学图书馆计画说明书》中指出："中华建筑瑰丽庄严，自古著称，故本计画宗旨决采中国古制，略加改良，藉冀保存国粹而倡复兴吾国建筑美术之先声。"

1931年，南安码头镇建成永贞桥，建桥碑记载："聘技师雷君文铨设计，用钢骨三合土建筑法，经斯营斯，费时年余，造成伟大宏壮之士敏土桥……费赀达四万余圆，工程之巨可谓固矣。"经历了90多年风雨的永贞桥至今依然屹立于诗溪之上。诗溪之上还有另一咽喉之处——诗山镇，有着雷文铨1933年设计的潭美桥，采用T形水泥钢筋砼结构，每天车马辐辏，依然坚固。

1935年，雷文铨运用西方建筑的简约线条、中国传统斗拱造型设计底座，建造了泉州东西街路口的钟楼，西洋风格与闽南特色完美融合，显得格外清新雅致。

泉州钟楼

不仅如此，厦门曾厝垵飞机场、厦门大学图书馆、中山公园南门等系列建筑作品也是雷文铨和他的六弟雷文钦、八弟雷文锭联合在厦门设计并创作的。在这些作品中，他将西方建造技艺结合中国元素，大胆推陈出新。

20世纪二三十年代，位于南方的福建虽然战乱不休，但不乏像雷文铨这样想通过实业救国的华侨。雷文铨曾提议发展龙岩、漳平一直到龙溪沿北溪一带的矿产开发，利用水利运输降低成本，实现综合开发。可惜，这些梦想终成泡影。

1936年，雷文铨以48岁"高龄"响应时局召唤，赴京任京衢铁路河沥溪总段长。全面抗日战争爆发后，沿海公路遭破坏，泉安公司迁入内地，工程中断。因军队入缅甸抗日需要，雷文铨奔赴西南大后方为抗战服务，负责设计桂越铁路、滇缅铁路，历任西南运输公司总工程师、贵州省建设厅技正、滇缅公路桥梁总设计师等职。生活的艰辛、造路的不易，让他无比想念远方的家乡和亲人，关于鼓浪屿雷厝的记忆，仿佛历历在目，贴近又遥远，想伸手触碰，却隔着岁月的迷雾。

滇缅公路

"生活，生活中没有幸福。生活就是：扛着痛苦的'我'穿行世间。而存在，存在即幸福。存在就是：变成一口井，一个石槽，宇宙万物像温暖的雨水，倾落其中。"这段话，出自米兰·昆德拉的《不朽》，用来形容雷文铨的一生，恰如其分。

长期的户外勘察和建设工作，使雷文铨透支了身体。他生命最后的岁月与抗日运输生命线的修建紧密相连。1946年，他在缅甸身染恶疾，不幸离世，终年58岁。他再也没能回到家乡鼓浪屿，没能回到雷厝。

陈三五娘只在我的童年里

那些长不大的男孩

永远向着天空遥望的眼眸

太阳再大

眼光炯炯

32 杨夏林与孔继昭：珠联璧合，一起把人生绘成最美的画

你知道小人书吗？也许对于现在的年轻人来说有点陌生，但在你父母的那个年代，那也许是他们的童年回忆呢。当年的孩子们，一拿到小人书可是爱不释手，定能乐颠颠地翻看一整天。20世纪七八十年代，在鼓浪屿长大的孩子们，大都记得一本彩绘连环画小人书，书名是《陈三五娘》。

这其实是明清以来流传于闽南、潮州等地脍炙人口的民间爱情故事，有着"闽南梁祝"之誉。故事讲述的是泉州书生陈三路经潮州，逢元宵节，在元宵灯下遇黄五娘，二人互生爱慕。陈三为接近五娘，假扮成磨镜师傅到黄家，故意打破一面珍贵的宝镜，卖身黄家为奴还债，最后，两人相约私奔，过上了幸福的生活。

"陈三五娘"的传说诞生以来，民间故事、戏曲、歌谣等形式的表现方式层出不穷，堪称闽南文化的重要载体，也是艺术创作的不朽题材之一。

而其中最著名的，莫过于杨夏林和孔继昭夫妻，两位中国美术界鼎鼎大名的"腕儿"，一同创作的《陈三五娘》年画系列。二人的爱情，虽不像故事里那样戏剧化，但一生相携追求艺术也是一段佳话。

杨夏林出生于印度尼西亚爪哇的一个华侨家庭，先后在仙游和厦门学习。1942年，他考入重庆国立艺术专科学校的中国画科，当时，学校师资力量雄厚，教师多有欧美留学背景。国立艺术专科传承创办人蔡元培倡导的"介绍西洋艺术，整理中国艺术，调和中西艺术，创造时代艺术"之宗旨。

在这种氛围下，杨夏林博采众长，转益多师。既继承传统宋元山水画严谨的写实画风，又吸收了国外最新的美学理念，学习了西画光影素描技法。几位当代山水大师诸如傅抱石、李可染、黄君璧等的言传身教，对其影响尤深。

新中国成立之际，他偕夫人回到厦门。他的许多作品，都取材于厦门、鼓浪屿的自然风光，尤其是作品中的鼓浪屿的榕树、岩石和海浪极具独创性。孔继昭的艺术成就也极高，她的中国工笔画具有创新性，人物、花鸟都给人清新的感觉，百看不厌。孔继昭是北京人，深深浸淫于故都的文化氛围中。两个人，一人生于北方一人生于南方，看起来本不会有交集。然而，因为对绘画的热爱，这一北一南的两人还是相遇了。他们同在重庆国立艺专学习，读书时，杨夏林的画就显现出潇洒大气，画风独具个人特色，很快博得孔继昭的青睐。两人情投意合，带着画具，涉足巴山蜀水，真是令人好生羡慕的一对。

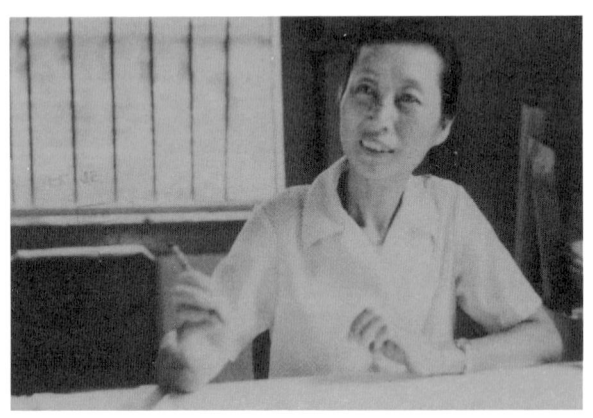

孔继昭

由于艺术成绩突出，杨夏林被刚成立的重庆西南美术专科学校聘任为讲师、中国画组主任，并开始参加国内的一系列画展，在中国山水画界崭露头角。新中国成立之时，他怀着满腔热血回到福建厦门，他的夫人孔继昭追随他一同来到厦门。他们先是创办了厦门文联美术协会美术研究班，后于1951年又参与创办了厦门鹭潮美术学校，这是当时福建第一所专门培养美术人才的学校。

杨夏林专注于教书作画，孔继昭一边教学，一边创作，还要照顾家中的孩子、承担家务，其艰辛程度可想而知，但她依然不断耕耘，为成就丈夫的艺术事业，扮演了一个贤内助的角色。在夫人的支持下，杨夏林的画家之路一路"开挂"，风生水起，他几乎每年都参加"当代名人画展"，很快就声名鹊起。

一个冬日的夜晚，杨夏林回得很迟，说是参加一个作品研讨会。不久前，他刚和画家、雕塑家傅天仇在南京、上海举办联合画展，忙得不可开交。见丈夫还没有回来，孔继昭把饭菜盖好，回到两人共用的画桌前，一笔一画地描摹起她心中的仕女。

不知道过了多久，背后突然有人轻咳了一声。孔继昭一愣，马上会过意来——哦，原来自己作画入了迷，居然没留意到，丈夫带着一身冬天的气息，夹着公文包，已经站在她身后看她的画看了好久。

看丈夫的脸冻得通红，却洋溢着可爱的微笑，就像第一次看她作画的神情一样，充满孩子般的笑意，孔继昭嗔怪道："你呀，倒像个偷偷摸摸的小贼！"

杨夏林哈哈大笑，从公文包里拿出一叠纸说："这是一份戏文，你且先看一看，今天饭菜我自己热，你好好看哈。"

小屋再次飘起饭菜香，杨夏林大快朵颐，而孔继昭看戏文也入了迷。哦，多么精彩的爱情故事，这个叫陈三的家伙，真是个偷心的小贼呢！杨夏林狼吞虎咽地吃完饭，放下碗说："我有个想法，我们俩不要各画各的，应该好好合作一把！"

这个建议孔继昭倒是第一次听丈夫讲起，可是，两个人的创作风格一刚一柔，大相径庭，这，合适吗？

一抬头，杨夏林带着狡黠的笑意，说："不试试怎么知道行不行，我们也要学陈三，打破一面宝镜嘛。"

窗外，似乎飘来了一阵咿咿呀呀的曲调，伴着屋内昏黄而温润的灯火，荡漾开来。

不久，两个人的"孔杨联合画展"在厦门开幕，引起极大的轰动。这次画展，也奠定了他们和厦门、和鼓浪屿的半生情缘。他们决定定居厦门，共同参与创办厦门鹭潮美术学校。

不知多少个日子，两个人沉浸在一段古老的爱情故事里，杨夏林的厚重刚毅和孔继昭的灵动清秀，终于珠联璧合地融汇出一页页动情画面——20世纪50年代，连环画《陈三五娘》横空出世时，一时洛阳纸贵，哪怕是还看不懂爱情的小朋友们，也会把那些古典又精美的画面翻了又翻，有的还会找来一张纸覆在上面学着画呢。

早期戏曲主题的连环画，有不少是直接使用当时电影的画面，相对粗糙且没有美感。而《陈三五娘》是由两位大画家画出的"小画面"，引领了此后多年连环画走向精致、走向艺术的风潮。

多年以后，你有机会再看到这些画面时，或许才能真正感受到，画里的爱，是如何的天衣无缝。

《陈三五娘》开了一个好头，杨夏林和孔继昭又陆续合作绘制了一系列家喻户晓的故事，比如另一个闽南出名的爱情故事《三家福》，比如陆游的《钗头凤》……孔继昭的工笔重彩人物画和花鸟画，配上杨夏林多姿多彩的山水，相得益彰，水乳交融，这样的伉俪合笔，至今都少有人可以替代。

在他们联手创作的经历里，还有一件事特别有意思，甚至可以说，是艺术带动产业的一次"蝴蝶效应"呢。

连环画《陈三五娘》（组图）

    有一年的全国美术展，一幅花卉主题的画作让许多人驻足观看，十分好奇。再看作品名字，《台湾蝴蝶兰》。

    蝴蝶兰？好多人真的是第一次听说，第一次从画里看见。杨夏林和孔继昭，一人画岩石流水，一人画兰花主体，让这个来自台湾的稀有品种花卉，在全国美术展上盛放。

    这幅画，成为台湾蝴蝶兰在大陆真正意义上的第一次"公开亮相"。此后，蝴蝶兰从福建开进了全国的千家万户，直到现在，还是市场上最受欢迎的花卉品种。

    要知道，一辈子沉醉于美好画面的携手人生，便是最好的一幅画。它像一面宝镜，又像山石上无声开出的兰花，照映一切喧嚣，但又胜于一切言语。

那夜风雨

轻轻抚慰着小屋的微灯

先生的耳朵巨大

收听了宇宙的呼吸

平行的时空和中原的张力

就只在小岛上平凡的一间小屋

放眼望去

尽收眼底

千里江山

瀛环志略

33 徐继畬与雅裨理：『东方伽利略』与洋教士，从一座小岛正眼看世界

1844年，清道光二十四年，春。南方湿冷的天气让山西人徐继畬多少有点不适应。不过，让这位新任的福建布政使真正烦心的并不是天气，而是这说不清道不明的政治气候和世界格局。

鸦片战争已结束，结果也显而易见。英国人大获全胜，大清国灰头土脸，可似乎在大清国的同僚们中没有听到太多反思的声音，这让他忧心忡忡。他又想起了不久前，他进京面圣时，道光皇帝对他的一番嘱托。

他一边想着，一边上了轿子，直奔英国领事馆而去。英国人在厦门的领事馆设在鼓浪屿。此时，英国首任厦门领事纪里布，也正在等着徐继畬的到来。

纪里布被派到中国后，接触的官员形形色色，但大都平庸无知，这些人一面心存畏意，一面又装出傲慢的神情，加之语言不通，常常有"鸡同鸭讲"的感觉。但听说这位新来的福建布政使，有点不一般。

所以，纪里布也做了准备，他聘请了一位美国人做翻译。此人名叫雅裨理，既是一个传教士，也是一个旅行家，算得上是"中国通"。纪里布告诉他：徐继畬此次前来交涉，是奉了上峰之命，要把外国人的活动区域限制在厦门的几条街道内，但我们不理这个茬，要准备过几招，把这个范围扩得比原来更大。

会面的时候，刚开始气氛还算好，但很快就开始僵持不下。这时，雅裨理站起身来，跟两位"大人"说：要不要听我讲一些亲身经历的故事？

两位谈判者默默点头。于是雅裨理兴致勃勃地开讲，

181

身为传教士，他习惯从基督教的真理和耶稣诞生说起，顺带说一说他到过的那些国家是怎么对待外国人的。

不料徐继畬突然打断了他的讲述，问他刚刚提到的那些国家的名字，并问他能否写下来。这让在场的所有人都大吃一惊。于是，这场原本具有外交意义的会谈，后半段完全跑题，变成了雅裨理给徐继畬上的一堂世界地理课。第二天，纪里布还托人给徐继畬送去几张自制的世界地图。

没想到，没过两天，徐大人又主动约雅裨理见面，向他虚心请教。过后，雅裨理又开心地为徐大人送去了一件包裹，包裹里是《新约全书》和几本他认为最好的基督教书籍。

几天后，纪里布兴奋地告诉雅俾理，中方答应，英国人在厦门可以做小礼拜堂，还批准了他们在医院建两座商行的要求。看来，徐大人是"投桃报李"呀。

夏天来了，徐继畬的心却比天气还要热。他又一次派人邀来雅裨理。在书房，他不停地展开各种地图，足足有二十几幅。和雅裨理的几次会晤使徐继畬眼界大开，他从雅裨理那里获得了许多有关世界各国的地理、历史、文化和政治等方面的知识，他甚至安排人绘制世界主要国家的地图，可以说雅裨理是促使他成为中国近代正眼看世界第一人的重要人物之一。

雅裨理因徐继畬好学且待人友好的态度而渐渐对他产生好感，虽然他对徐继畬关心地上国度多于关心天上国度不免感觉到失望。雅裨理曾在日记中这样记载徐继畬："他既不拘束，又很友好，表现得恰如其分。显而易见，他已经获得了相当多的知识。他对了解世界各国状况，要远远比倾听天国的真理急切得多。"

这些在雅裨理看来准确精密的地图，后来都被徐继畬收入在《瀛环志略》这本书中。在这本书的第一页，他特别提到了雅裨理。书中内容

雅裨理　　　　　　　　雅裨理的住所

也有不下十处提及"据雅裨理牧师云""细询之雅裨理""雅裨理所挟册子""雅裨理译出地名"等语，还有多处述及雅裨理之意见，从中可推知雅裨理对徐继畬的影响之大。

如今的人们，多知道魏源的《海国图志》，事实上，《瀛环志略》也一样是当时中国人了解世界的标准读本。其中有两个人从这本书中获益匪浅，一位说他阅读后"始知万国之故，地球之理"，而另一位则在读了这本书后慨叹"始知五大洲各国"！

这两个人，一位叫康有为，一位叫梁启超。《瀛环志略》介绍并推崇美国的资产阶级民主制度和资产阶级革命的领袖人物，这在当时确系首创，给予中国当时的思想界以及后来的资产阶级维新派以重大影响。

全书共十卷，通过研究地理和历史资料，系统地介绍了亚洲、欧洲、非洲、美洲中80多个国家的风土人情。全书载有42幅地图，均为作者从西方地图册中临摹而来，以地图为纲，世界五大洲一目了然。除地理、历史、风土人情等信息外，也对西方民主制度进行了介绍，这在中国历史上是前所未有的。

《瀛环志略》一出世，便受到国内外有识之士的高度重视。在日本，

183

《瀛环志略》被称为"通知世界之南针",成为明治维新期间日本的思想启蒙教材和畅销书之一。而美国人将这本书中有关介绍美国和华盛顿的文字,镌刻之后,砌于美国首都华盛顿纪念塔第十级内壁上。

1867年,美国公使蒲安臣奉总统之命将华盛顿的画像作为国家礼物赠送给徐继畬。徐继畬的名字也被美国人收进了《世界名人录》。有人称其为"东方伽利略",并评价说:在借鉴世界政治文明成果的气度方面,徐继畬不仅超越同时代的士大夫,也超越时下许多人。

《瀛环志略》封面

然而,各路士大夫轮番上阵攻击徐继畬,痛骂他身为朝廷命官,竟敢与外国传教士沆瀣一气,称颂外国元首,影射抨击天朝制度。而大名鼎鼎的林则徐,更以徐继畬与洋人打交道时过于软弱为由,全力支持当朝官员弹劾徐继畬。

原本踌躇满志的徐大人,被罢了全部官职,回归故里。直到美国对他的尊崇之声陆续传回中国,加上"洋务运动"的兴起,他才被重新起用,担任相当于"外贸部长"的通商衙门行走。1869年,告老还乡之时,似乎是为了补偿对他以前的处分不公,他被赏了一个头品顶戴。第二年,徐继畬在家中病逝。

虽然已经跻身"世界公民"之列,但徐继畬终归还是意识到,自己毕竟是大清的"奴才",他曾在给咸丰的奏稿中调侃:"奴才生平没有出息,不会赚钱,单爱坟前立的那个石头,刻上些兼满、蒙、西洋三体合成的那些字,甚是别致。"这几句话,意味深长,也充满了无可奈何。

此时,离徐继畬与雅裨理在鼓浪屿的会面,已过了将近30年。也许,鼓浪屿真是一个最适合"正眼看世界"的地方,它开近现代之先河,直接从农业社会进入现代文明。正是在这里,从未出过国门的徐继畬,在中国近代思想史上有了破冰醒世之功。他摆脱了传统的羁绊和束缚,以开放、包容的态度,与外国人进行多次深入的交谈,从"华夷"向"中西"转型,以相对客观、实事求是的方式向中国人介绍世界历史地理知识、西方民主制度,希望能够唤醒沉睡的中国人。

而传教士雅裨理,这位徐继畬某种意义上的"导师",几乎早已湮没无闻。1842年,他抵达鼓浪屿开始传道,两年后,机缘巧合下认识了徐继畬,后者"三顾"茅庐,二人倾心相交。

然而,一年后,雅裨理由于心脏病发作,不得不离开厦门回到美国,不久便在他的故乡逝世。他本想养好病之后再回到中国,也许,徐大人还想再多问他些什么。

只是,他终究还是没能看到《瀛环志略》的出版。

热心唤起百花魂

星星之火在小岛上静静点燃

最刚强的剑

恰是最温柔的花

34 秋瑾：秋风秋雨愁煞人，"鉴湖女侠"的豪情与愁绪

1879年的这个秋天，对于三岁的玉姑来说，是一个快乐的时节。厦门鼓浪屿的秋季格外温润舒适，她蹦蹦跳跳地跑进书房，央求祖父给她讲个故事。而对于厦门海防厅同知秋嘉禾来说，这个时候是他在繁忙公务之外，难得享受天伦之乐的时刻。

小孙女玉姑活泼可爱，可生来就不像是女孩儿的性格，她最喜欢听祖父讲的大都是古代英雄侠客的故事。秋嘉禾发现，听这些故事的时候，玉姑的眼睛里仿佛有一种光芒。

这让为官多年的秋嘉禾既喜又忧。喜的是，孩子很聪慧；忧的是，在这多事的年代，这个女孩儿，将来能是一个贤良淑德的闺中女子吗？

"玉姑"是小孙女的乳名，秋嘉禾亲自为她选定的大名叫闺瑾，意思是闺中的一块美玉。这会儿，这块"美玉"又缠着他，要把没说完的英雄故事继续讲下去呢。

1907年7月13日，一个空气中充满不安的夏日。浙江绍兴大通学堂内的树上，知了正狂躁地鸣叫着。学堂外，是一拨如临大敌荷枪实弹的清军；学堂内，一位年轻的女性端坐不动，看着冲进来的清军，眼神坚定。

秋瑾

187

几天前，消息传来，她的革命同志徐锡麟在安庆起义失败，而被抓的革命党人已经招供了，朝廷马上要动手抓捕参与起义的革命党人。有人劝她赶紧离开绍兴，否则危险随时来临。可是她只是说了一句："革命要流血才会成功。"然后，把能遣散的人都安排好，自己静静地留守在这个曾经筹划起义的学堂内。

两天后的一个清晨，她在绍兴的古轩亭口从容就义，年仅32岁。才气十足的她，只留下了一句诗："秋风秋雨愁煞人。"但这一年的秋天，她永远都看不到了。

1919年5月出版的《新青年》杂志，刊发了一篇叫作《药》的小说。很多人应该都读过这篇小说，它的作者是鲁迅。

华老栓的儿子小栓得了痨病，他听别人说，用沾了人血的馒头就能治好。于是，他拿了几乎所有家当，跟刽子手康大叔买了一个沾上热乎乎人血的馒头，而那个人，据说是刚刚被处决的乱党。

儿子的病终究是没有治好。但华老栓记得，在他拿到馒头的那个清晨，他抱着馒头，仿佛"抱着一个十世单传的婴儿"。太阳出现的时候，照见那丁字街头破匾上有"古轩亭口"这四个黯淡的金字。

小说里提到，那个被处决的革命党人名叫"夏瑜"。

夏对秋，瑜对瑾。

没错，我们这个故事里，那个曾经爱听英雄故事的女孩儿，那个慷慨赴死的年轻女性，还有在小说里化身为"夏瑜"的革命党人，是同一个人。她的名字我们同样熟悉——秋瑾，别号"鉴湖女侠"。

社会学家李银河，对于秋瑾的评价是：她，是中国第一位现代女性，是中国第一个提出"男女平等"的女人，中国近代第一个为推翻数千年封建统治而牺牲的革命女性先驱；当然，她也是诗人，中国女权和女学思想的倡导者，民主革命志士。

这些，我们在历史课本里，多多少少听过一些。甚至，我们曾在某几次历史考试的答卷上，把这些句子填在了答题卡上。

但可能很多人并不知道，在她的童年和少年时期，她曾随着祖父秋嘉禾在厦门和鼓浪屿住过长达十几年的时间。

2018年的一个秋天，一位名叫Conny的奥地利女艺术家，正在一年一度的"鼓浪屿国际艺术驻留"活动中，展示她关于女性自由和解放主题的作品。

秋瑾

人们发现，她的作品比较独特，除了多媒体的音频、影像展示之外，她更愿意带着观众在鼓浪屿穿街过巷，讲述几位与这座岛有关的女性的故事，比如诗人舒婷，比如医生林巧稚，比如传奇海盗郑一嫂，比如——秋瑾。

在这个被她称为"鼓浪屿女性角色一日游"的街巷穿梭式行为艺术过程中，一路走着走着，Conny突然停了下来。

原来，他们经过一家民宿的门口时，传来一阵悠扬的音乐声，Conny听出来了，这正是奥地利著名的女性哲学家、艺术家罗莎·梅雷德的作品。

她激动地告诉自己身边的观众：你们知道吗？这位罗莎和秋瑾是同时代的人，她们一个在维也纳，为女性解放而呼吁、创作；另一个，则在风云变幻的近代中国，用自己的鲜血和生命，将这样的理想印记在人类的历史中——她们真的太像了！

不远处，是泉州路73号一座红砖的三层公寓，据说秋瑾曾在这里居住过，但由于资料有限，真实性有待考证。不过，根据记载，秋瑾在鼓浪屿待了至少三年左右。

Conny说：我所了解的秋瑾，是个女侠，也曾是个追求爱情的温柔女性。

在北京，当年的宅门女性，只能在家中听"堂会"，绝不可能抛头露面去戏院，戏院也不卖票给女性观众。可是，有一个女子偏偏坐着西式的四轮马车去听戏，轰动京城。从此，女性进戏院的禁忌逐渐被打破。没错，这是秋瑾。

在上海，一位留学生模样的中国人带着一名雏妓，正在公园里嬉笑打闹，形态猥琐。别人敢怒不敢言，这时，一个年轻女子走了过来，劈头盖脸教训了他一顿，把这轻狂放浪的留学生训得落荒而逃。身边的朋友笑她"真是煞风景"，女子率直地回答道："我如鲠在喉，不吐不快！"是的，这也是秋瑾。

有一回，听说了妻子的革命志向与理想，丈夫不屑地说："这是男人的事情，你休胡思乱想。"一转身，丈夫居然将妻子的珠宝首饰及积蓄全部偷走，想让她死了这条心。没想到，刚烈的妻子变卖了仅剩的财产和衣物，只身东渡日本，加入了追求真理与解放的"朋友圈"。几年后，她与思想守旧、执意纳妾的丈夫正式诀别，痛痛快快地投入时代的洪流中。

嗯，这当然也是秋瑾。

那是一个现代与传统剧烈碰撞的时代。在中西文化交融的鼓浪屿度过开蒙年华的秋瑾，正逢时世，走出闺阁，以女性先锋者的姿态，与传统的男权世界加之于女性的桎梏决裂，在历史上写下浓墨重彩的一笔。

我们都知道，在她的笔下，有着这样的豪气："不惜千金买宝刀，貂裘换酒也堪豪。一腔热血勤珍重，洒去犹能化碧涛。"

我们也该知道，她也曾有如此的温婉与愁绪："寒风料峭侵窗户，垂帘懒向回廊步。月色入高楼，相思两处愁。"

只不过，她将自己眼中的那些光芒，将心中那些难以名状的爱，凝成了热血，化作了时代的碧涛。

你走来

又走去

在一个不断重复的动作里

以后的日子渐渐遥远

你走来

又走去

踏在我的心口处

将来的事终于枯萎

你走来

又走去

所有的故事都浇铸成一栋永不停工的建筑

我已不能重新开始一场认认真真的游戏

在脚印和脚印之间

一切都注定不能回头

于是把故事藏在古老的琴键之间

风琴响起

你走来

又

走去

35 林鹤寿与八卦楼：历史与时代的一个『大八卦』

这一天，甲方和乙方差点就吵起来了。

甲方是一个身穿长衫的贵公子，正在滔滔不绝地讲述自己关于这栋别墅的建造设想。乙方是一个金发碧眼的洋人，耐着性子听了好长一段时间，最后还是忍不住打断："林先生，这是我第一次听说，有人要这样盖房子的。"

虽然乙方是个洋人，但说得一口流利的中国话。这话一出，让兴致盎然的甲方顿时语塞。他盯着对方看了半天，摇摇头，心想：唉，洋人终究是不懂我的心思啊。

他端起茶来，抿了一口，反问道："敢问郁先生，这样盖房子，您是觉得有什么问题吗？"

洋人顿了一顿，说："按我的理解，中国人历来讲究安土重迁，盖房子无非是为了安家。您用这样的设计思路，在鼓浪屿上盖这样一幢房子，不但浪费，而且也不像是用来居住的呀！"

闻言，这位林先生面露不悦，但还是保持着中国读书人的君子气度，说道："既然郁先生尚不能理解我之诉求，那今日便到此作罢，您回去也再想想，等有合适的设计思路了，咱们再继续谈。"

虽然这次交流不是十分愉快，但是，没过多久，两人还是达成了共识。毕竟，在甲方看来，郁先生是鼓浪屿上数一数二的洋人建筑设计师，是设计这幢别墅的不二人选。更何况这位洋人先生似乎着急用钱，开的价码实在是很优惠。而作为乙方的郁先生，之所以勉为其难地接这个活儿，确实也是为了钱。

这位郁先生，正是当时在鼓浪屿上已经颇负盛名的美

193

籍荷兰人——郁约翰牧师。他不仅是近代厦门乃至闽南第一所西医医院救世医院和妇女医院威赫敏娜医院的创办者，也是第一所近代西医医学专科学校和护士专科学校的奠基者。

这位郁约翰医生才华横溢，在很多方面都有建树。在医学方面，他济世救人，大爱无私，培养了厦门第一批西医人才，在他的直接和间接影响下，鼓浪屿上医学人才辈出。同时，他又是个木匠、电气专家、建筑设计师，鼓浪屿上特色鲜明的几幢建筑都是出自他手。

他之所以十分缺钱，是因为他将自己的所有收入都投进了救世医院，用于救助中国的穷苦病人。他的医院并不以营利为目的，免费给人治病、发放药品，只收很少的挂号费，作为挂号竹签的费用，真正做到了济世救人的医者仁心。而这位甲方"林先生"，便是台湾板桥林家三房的"富二代"林鹤寿。林家在台湾富甲一方，林鹤寿自然颇具贵公子之风范。他风姿高傲，倜傥儒雅，喜好交友，据说他自幼饱读经史，"于书无所不读，每作诗词，多系不忘君国痛念家山者"。

1895年，《马关条约》签订后，林鹤寿跟随父亲从台湾迁至厦门，定居鼓浪屿，在厦门的水仙宫开了一家"建祥钱庄"。林鹤寿来到鼓浪屿后，放眼全岛，目之所及的各式洋楼，皆属于外国人。刚刚经历远离故土之苦的他，难免心中悲愤交加。林鹤寿继承了家族的商业天赋，拥有出众的经商才能，所以在其父去世后，林家的许多经济事务都由他掌管，财力充盈，出手阔绰自然也不在话下。

林鹤寿

1907年，壮志凌云又资产雄厚的林鹤寿希望能建造一座既能环视鼓浪屿全岛，又能远眺厦门岛的超级大别墅，最重要的是能睥睨岛上洋人的别墅群。于是，他便买下了鼓浪屿笔架山东北麓的一块11000平方米的坡地，准备盖楼。

平心而论，林鹤寿有这个想法，也不全是为了炫富。在来到厦门之前，林家作为台湾的大户人家，饱受日本人的欺凌。来到鼓浪屿这个华洋杂处的"避风港"，怎么说，凭着自己的财大气粗，也要出他一口恶气。或许，当这幢楼建成时，凭楼远望，也多少能够慰藉他对台湾故园的思念吧。

相比同是板桥林家成员、在鼓浪屿建造菽庄花园的林尔嘉，林鹤寿的性格更为张扬。这也决定了，他的手笔会更大，"不建则已，一建惊人"。

果然，1907年，这幢楼开始动工的时候，轮到设计师郁约翰开始来劲了——按照设计的形制，这幢楼的建筑材料必须复古，很多材料的规格，市面上是买不到的，所以要特别加工或定制，白花花的银子就这样一笔笔地花了出去。

图纸上的设计虽然一步步变为现实，但这幢楼似乎成了一个"无底洞"，工程越铺越大，资金越来越吃紧。不知不觉，居然建了13年之久，却还没能够完工。

林鹤寿几度想要放弃，但每次登上未完工的楼顶，向着海的那边远远眺望良久后，他又咬咬牙，干！于是他先变卖了家产，不够，拿钱庄担保，工程时断时续，生意也因此被耽误。最后，一个庞大的家业，居然活生生被这幢大楼拖垮。1922年，林鹤寿宣告破产，黯然回到台湾。而八卦楼的设计师郁约翰医生，则早在开工的第三年，因为救助身患鼠疫的病人，不幸感染病逝，永远地安眠在了鼓浪屿的土地上。

这幢将曾经鼓浪屿上最顶尖的设计师和顶级富豪联系在一起的别墅，正是如今被称为鼓浪屿地标式建筑的"八卦楼"。这是一座中轴对称的三层欧式别墅，一楼正厅直通三层，这取法于古罗马的万神庙。沿着台阶一直往上走，会看到华丽的巴洛克式断山花装饰门框。大厅中央是三层透空回廊，以中央大厅为轴心，有两条十字相交的通道，这又是典型的罗马教堂格局。

从建筑外部来看，红色巨大圆顶的顶上有八道棱线，被安置在八边形的平台上；支撑圆顶的则是底下的西式古典大圆柱，柱头之下却压着青斗石花瓶，充满古色古香的中国风韵。

回到台湾的林鹤寿，寄情于和诗友、文友们的诗词唱和，诗中除了有亡国之恨，更多了几分因八卦楼而败走麦城的痛心疾首。后来，又因日本人不满于他的"借诗咏情"，林鹤寿被迫离开台湾，到上海投靠兄长林柏寿，而后纵情于祖国山水。

不同于现在说走就走的旅行，林鹤寿的旅程多的是时局动荡之下身不由己的漂泊。他本想再重拾经商本行，在上海设立了一家鹤木公司，但毕竟时势不同，难以重现往日辉煌。关于他的结局，在台湾出版的《林氏家谱》只有这么一句话：林鹤寿，卒年不详，不知所终。

而八卦楼在林鹤寿走后，一度出现了"暗牖悬蛛网，空梁落燕泥"的破败景象。1924年，楼门前挂出了日本人办的"旭瀛书院"的牌子。在之后的20多年间，随着时代的波诡云谲，八卦楼几度易主。

厦门沦陷后，八卦楼曾经作为难民收容所。抗战胜利后，国民政府以"敌伪财产"的名义将其没收，后曾作为厦门大学文学院的新生院。尽管里面传出了琅琅书声，但因时局所迫，也不可能有全面的修缮。

到了厦门解放前，八卦楼已满目疮痍，常常有人跑进楼内，搬走楼板，砍走檩条，还有人开玩笑说，站在楼里的地板上，一抬头，都能仰望到蓝天了。

新中国成立后，人民政府拨款重修八卦楼，在这里创办了鹭潮美术学校。1958年，厦门市科委迁到这里，陆续开办了中医学校、业余科技学校。之后，八卦楼又"变身"成为电容器厂、计算机厂、电子研究所等等。

直到20世纪80年代，在厦门本地文史专家的呼吁下，八卦楼最终确定作博物馆之用，并经历了一次全面的翻建，成为新的"厦门市博物馆"。

2006年，厦门市博物馆搬到厦门岛内后，八卦楼作为鼓浪屿风琴博物馆向公众开放。这是世界一流、中国唯一的专门展示古风琴的博物馆，里边展陈着爱国华侨胡友义先生捐赠给家乡的几十架（件）珍贵乐器。藏品有来自英国、德国、美国、澳大利亚等国家的管风琴、簧片风琴、手风琴、口风琴等种类多样的古风琴珍品。人们在这里不仅可以看到管风琴的外形和内部结构，还能定期欣赏到管风琴庄严圣洁的演奏。

100多年过去了，八卦楼见证过商业富绅林鹤寿的辉煌与没落，也目睹过医者仁心的郁约翰医生的以身殉道，更亲历了百年风云变迁中鼓浪屿的历史浮沉。百年光阴，倏忽而过，如今这座抢眼的圆顶八卦楼，在不经意间，已成为这座岛上令无数游人过目不忘的地标性建筑，也成为鼓浪屿海域邮轮出入港的航标。2024年，八卦楼经过新一轮的改造装修后，作为鼓浪屿标志性建筑和风琴博物馆再一次面向公众开放。

历史和时代，有时就是一个"大八卦"。

那一年，当林鹤寿无限凄惶地向八卦楼投去最后一瞥，他肯定无法预料，这幢投注了他巨大心血的建筑，也会和他一样命运如此多舛。

只是，人的生命终会随着时间消逝，而建筑却能成为镌刻在大地上的历史坐标。它很"中国"，诞生于一颗拳拳爱国心的悸动；它也很"世界"，很多标志性的建筑元素，都可以在它身上找到痕迹。它是属于某个时代的历史产物，也是属于所有时代的文化结晶。它凝聚着许多特别的爱，也诉说着更多的无奈、悲欢与释然。

先生的镜头

收藏了世界的故事

那些遗失在小岛上的世界的故事

于是刻成了一行字

"鹭江第一"

36 林鍼：关于新世界的那些"第一次"

清道光二十七年（1847），农历七月初七。林鍼虽身在美国，但仍记得每一天的"中国纪年"。此时，这位才二十出头的年轻人，正漫步在这个被当时的中国人视为"异域番邦"的国家的码头边，极目望去，皆是迥异于大清王朝的城市景象。

这年春天，林鍼受一个美国企业的邀请，来纽约给即将派驻中国的员工们教授中文。他从广东潮州登上了一艘三桅帆船，在海上漂泊140多天，才终于抵达这个美国东海岸的城市。他兴致勃勃地踏上这片陌生的土地，因为对他来说，在这里见到的一切都是崭新的、前所未闻的。

此刻，他正在码头一边散步一边练习第二天的教课内容。一抬头，突然看到码头边停着一艘熟悉的中国船，船上下来了几位留着长辫子愁眉苦脸的同胞。看到中国人，林鍼觉得大为亲切，正想跑上前打个招呼，船上一个英国人便大呼小叫，让那几个中国人赶紧上船。

再定睛一看，咦，船下有个英国水手，正在起劲地吆喝："快来买票，快来买票，留着辫子的中国人，快来看一看呀！"

这种"走过路过不要错过"的腔调，让林鍼感觉十分不舒服。他想了个办法混上船，一看，真是快气炸了肺！

那些路过的美国人，居然真的向英国人买票，像看珍稀动物一样地来看中国人，有些大胆的，还饶有兴致地抓起船上中国人的辫子，一边左瞧右看一边嬉笑嘲弄。

林鍼强忍着心里的愤懑，向船上的一位同胞使了个眼色，把他叫到一边，细问原委。

199

原来，这些英国商人到潮州澄海县招募了26名当地人，骗他们说要带他们到爪哇做生意。等到他们经过爪哇之后，却发现船根本没有停，准备直航英国，路上因为风向不顺，暂时停泊在纽约。这个英国人竟然想出这样的鬼点子，在港口卖票让人"参观"华人，而且围观看戏的人还不少。

正说着话，突然传来嘈杂的争吵声，原来，船上的几个中国人不堪其辱，与英国人扭打起来。怎奈英国水手膀大腰圆，这几个骨瘦形销的同胞根本不是他们的对手，没两下就被制服，五花大绑地捆起来。

上船参观的美国人看情况不对，一窝蜂下了船。见此情势，林鍼也赶紧先下了船。

第二天，林鍼打听到英国人因为这生意砸了，恼羞成怒，竟然诬蔑华人准备暴乱，抓了七个人，关押在美国监狱。他马上找到自己刚在美国认识的朋友，辗转联系上一位知名的美国律师，为这些同胞辩护，自己也亲自出庭，凭借在国内与外国人打交道时学习的法律知识，据理力争，向美国法官说明这些华人被骗的经过。

最后，经法庭判决，英商诱拐事实成立，法庭要求他们必须出资将这26名华人平安送回中国，而且要支付华人工资。

官司大获全胜。但林鍼望着同胞们登船远去的背影，却陷入了沉思。

林鍼，字景周，号留轩，祖籍福州。早年因为祖父去世过早，家境贫寒，祖母便带着他投靠在厦门谋生的伯父。

在这个因为"五口通商"而涌入大量外国水手和商人的海港城市，林鍼有了一个最大的便利，就是可以学习外语。他生来就比别人好奇心强，喜欢研究新鲜事物，也爱跟人打交道，所以一来二去，就和这些金发碧眼的洋人熟络起来，很快就学会了一口流利的英语，也顺带杂七杂八学了一些其他的外语，这也成为他长大后谋生的一个重要技能。

洋商企业的人需要学习中文,就聘他来担任翻译,同时教授中文。在解决了生计问题之后,他凭着兼通中文和外语的优势,又被有关方面委任"经理通商事务"。

这个职业,让年轻的林鍼比同时期的大部分中国人,多了更多了解世界的机会。原本就好奇心强烈的林鍼,对外面的新世界了解得越多,就越想更深入广泛地了解。所以,当一家美国企业请他出国当中文讲师的聘书递到他面前时,他几乎是毫不犹豫地就答应了。

在去美国的船上,他甚至开心地给自己起了一个绰号,叫作"天荡子"。彼时的林鍼,对遥远的国度和崭新的事物心驰神往。

来到美国半年后,林鍼便碰到了这场为维护同胞而打的官司。这场在洋人的土地上打赢对洋人的官司,大概是有史可查的中国人在西方法律界的第一次胜仗。林鍼望着那艘驶回中国的船渐行渐远,生出一些念头来。

两年后,在鼓浪屿的一些圈子里,开始流传一本薄薄的小书,据说当时很多人都争相传阅。这本书就是《西海纪游草》,是的,很多人第一眼将其看成了大名鼎鼎的《西游记》,但再细细看书名,才发现这其实是一本"游记"。

林鍼将自己在美国两年多的游历和见闻尽皆记录在《西海纪游草》一书中,此书也成为近代第一部中国人的游西笔记。

虽然《西海纪游草》写的不是师徒四人取经救世的神话,但在当时的许多中国人看来,里面记载的事情,有一些真的和"神话"差不多了。

在这本书的《自序》中,很多人第一次看到了,原来西方有法庭、律师、陪审团这些"名头"。没错,打赢过官司的林鍼,介绍起来自然头头是道。书确实很薄,是林鍼从美国回来定居鼓浪屿后迫不及待写就的。

就在这薄薄的十几页纸上,除了第一次介绍西方法庭之外,林鍼竟然还一不小心成为好几个"中国第一"的拥有者：

第一个记录西方代议制政府的中国人。美国是联邦制国家；美国"统领"（也就是总统）任期四年一届，最多连任两届；总统和地方官员，皆依选举产生。这些，在当年多少算是大逆不道的信息。

第一个介绍西方现代报纸的中国人。他称报纸为"传闻"，说西方将大政、细务以及四海新文印在纸上，"传扬四方，故官民无私受授之弊"，其实说的就是报纸的舆论监督功能。

第一位记录电线与电报的中国人。他将电报称为"巧驿"，而且把当时的收、发报方法，编码和传输方式，说得十分专业。

第一位记录西方在各领域广泛使用蒸汽机的中国人。他口中的蒸汽机叫作"火烟轮"，称蒸汽轮船为"火烟舟"。介绍完之后，还特地表示，如果中国人同心协力，不数年间，便可造出中国自己的轮船。

对了，他在书里提到，自己带回来的东西里有一样叫作"神镜"。这东西在国外也刚问世不久，林鍼却已经玩得很溜了。是的，这个被林鍼称为"神镜"的东西，就是如今所说的"照相机"。这下你知道了吧，他可是中国最早掌握摄影技术的人呢。

林鍼还无意中创造了很多个"第一"。第一位记录博物馆、管风琴的中国人，第一位记录避雷针、水银温度计的中国人，第一位记录盲文、西方孤儿院、养老院的中国人……

如果你生活在那个时代，没有机会像林鍼那样去国外游历，也许你会觉得，这些似乎在神话里才存在的东西，离你遥远得不能再遥远。

但与此同时，你一定能够感受到，在这些看起来有如"天方夜谭"的字里行间，跳动着一颗热切的心。

林鍼觉得，他的笔仿佛跟不上自己的回忆。那26个曾经在英国人的船上受难的同胞，在他待在美国的两年时间里，总在脑海里挥之不去。

他想让更多的同胞能够知道外面的世界已经变成了什么样，如果同胞们多知道一些，至少不会被别人摸着"辫子"当作玩物取笑吧。

在《西海纪游草》面世后的十几年间，鼓浪屿因口岸开放，领全国风气之先，林鍼笔下所记载的那些"神话"，也陆续变成了现实。

如今，当你走进鼓浪屿日光岩的山门时，抬头可见，迎面的大石壁上镌刻着"鹭江第一"四个大字，那便是林鍼所题。

鼓浪屿日光岩"鹭江第一"石刻现貌　　19世纪的鼓浪屿日光岩

如今，当你拿出手机，用你的"神镜"拍下这个画面时，但愿你还能感受到，一百多年前，那个二十多岁的青年人对于新世界的热忱与惊奇。

音乐响起

岛屿和弦

在你奔波的身影里

那些飞扬的音符

和永远静美的波浪

声声不息

37 "钢琴诗人"许斐平：上帝想听他的音乐了

鼓浪屿是一座岛，但有时它更像一座迷宫，而且是一座自带专属背景音乐的迷宫。比如，那无处不在的钢琴声。

有时，钢琴声会指引你找到一些迷宫的入口，让你发现一些未知的故事。

鼓浪屿钢琴博物馆，大概就是迷宫里的迷宫了吧。钢琴博物馆隐匿于鼓浪屿东南隅的菽庄花园，里面展示着由爱国华侨胡友义先生捐赠给家乡的一百多架世界名古钢琴和百盏古钢琴灯台。

一入菽庄花园，便可听见钢琴弹奏的美妙乐声，隐约听出是肖邦的钢琴协奏曲，让人不由得加快脚步，循声而去。

穿过博物馆后门一条曲径通幽的阶梯，一条由11个"琴室"组成的"钢琴长廊"呈现眼前。每间琴室，似乎都有一种属于自己的独特风情。这间黑色调的琴室，属于澳大利亚钢琴家麦金·泰斯，庄重里透着些许的冷幽默；那一间琴室里摆放着肖邦最爱的法国琴"埃拉"，有法式浪漫的油画、烛台和金钟"陪伴"……

此时，钢琴声越来越大，热烈中似乎透着一股平静，这种感觉，难以用言语描述，说不清也道不明，就像此刻身处的这座小岛，气质神秘而独特。

当随着琴声的引导，来到钢琴长廊的第一间琴室时，才可确定，古典浪漫的钢琴声正是从此处传出，唱片里的钢琴曲仿佛有一种魔力，吸引着人们不断靠近，驻足聆听。

不禁发问，这又是谁的琴室呢？

一抬头，墙上挂着一个看起来并不太奢华的挂钟，而

上图：菽庄花园
下图：鼓浪屿钢琴博物馆

钟上的时针和分针并没有走，难道是坏了吗？

出于好奇，隔着一道玻璃，凑近看这个定格的时间——10点47分。

时间回到20世纪50年代末的一天，鼓浪屿一座安静的教堂里，虔诚的人们正等待着弹奏圣诗的琴声响起，准备要做祷告时，一向准时的司琴张秀峦老师却不见踪影。

难道要做一次没有琴声的礼拜？好在，岛上会弹钢琴的人很多，要不，谁上去先弹一下？可这毕竟是圣诗音乐，没有练过的人怕是一时半

206

会儿也不能流畅地弹奏下来吧?

正当大家你看看我,我看看你,踌躇不定之时,突然响起了琴声,是熟悉的圣诗曲调!

人们齐刷刷地看向一侧的钢琴,只见一个小小的身影跪在琴椅上,努力伸长自己的身子和手,用自己稚嫩的手指,有板有眼地弹奏着这属于教堂的旋律。

这下,人们惊讶地差点忘记了要做礼拜的事,全都好奇地盯着这小小琴童。他弹得那么认真,那么投入,虽然有几个音符不是很准,也还不够连贯,可是这个还没有钢琴高的孩子,居然已经能把司琴平日弹的圣诗八九不离十地"重现"出来了。

一曲终了,人们忍不住拍手叫好。而仍沉浸在自己演奏中的孩子反而被吓了一跳,有点不好意思起来。他涨红了小脸,想赶快从钢琴旁离开,一转头,叫了一声"妈妈"。

原来,孩子的母亲正是匆忙赶来的司琴张秀峦老师,她已经站在教堂一侧静静地听了好久。

1952年,许斐平出生于鼓浪屿的一个音乐世家。在家庭的熏陶下,他与二哥斐尼、三哥斐星,都成了小小"乐迷"。但这一次在教堂的大胆演奏,完全出乎母亲的意料,这一年,许斐平才五岁,母亲并没有完整地教过他弹整首圣诗。但是这孩子,凭着母亲教的基本技法,加上自己天才般的记忆,竟然有了一次这么精彩的"首秀"。

这次演奏,可谓一战成名。自此,

许斐平(1952 — 2001)

207

许斐平就成了人人交口称赞的"钢琴神童",他的音乐人生也就此拉开序幕。在教堂演奏后的第二年,他就在鼓浪屿著名的"三一堂"举行了真正的首秀,这场钢琴公演至今仍让听过的老鼓浪屿人津津乐道。

这年夏天,中央音乐学院来鼓浪屿招生,许斐平跟在二哥三哥后面到面试现场参观。这三个孩子本来并没有报考,但主考老师早就听说鼓浪屿上的"许家三兄弟"音乐才华出众,既然来了,便邀请他们现场即兴演奏一段,听一听传闻是否属实。

许家的这三个孩子一点都不怯场,胸有成竹地演奏起来,二哥拉二胡,三哥和小弟弹钢琴。演奏结束后,老师大为惊叹,尤其是许斐平弹的《蓝色的多瑙河》乐曲节奏灵活,而且他居然能听辨出四度和弦与不协调和弦的声音。老师当场就断言:这个孩子,有成为一代巨星的潜质。

两年后,中央音乐学院和上海音乐学院同时来鼓浪屿招生,8岁的许斐平弹奏了肖邦的《降E大调华丽大圆舞曲》。第二天,上海音乐学院的著名音乐教育家李嘉禄教授亲自来到许家,动员许斐平父母,让孩子到上海学习。

就这样,这位难得的钢琴天才顺利进入了上海音乐学院附小。时任上海音乐学院院长的贺绿汀决定,由钢琴系主任范继森教授亲自给他授课。在范教授的悉心调教下,许斐平居然仅用小学三年的时间,就基本完成了大学的课程。

1960年,斯诺访华,这位中国人民的老朋友,带了一批美国记者来到上海,他们慕名而来,拍摄了许斐平的电影专辑,包括他踢足球、打乒乓、上文化课、上专业课、参加演奏会的场景,全都被记录下来。

这是最早的美国直接报道新中国文化艺术发展情况的纪录片。后来,斯诺在他的《大河彼岸》一书中,写下了这么一段话:"小许年纪小小,但已举行过两次公开演奏。他以熟练优美的技巧,演奏的大师作品选段是如此的令人心驰神往……"

在这个片子里，年少的许斐平，一直都是一副略带羞涩的平静表情，只有在钢琴前，他的状态才呈现出"沉浸式"的高亢。

这样的表情和状态，伴随着他成为中央乐团的首席独奏钢琴家；伴随着他在美国茱莉亚学院成为公认的最有成就的学生；伴随着他在纽约林肯中心、卡内基音乐厅、华盛顿肯尼迪艺术中心举办一场场爆满的独奏音乐会；也伴随着他在以色列第四届亚瑟·鲁宾斯坦国际钢琴比赛夺得金牌，成为继刘诗昆后，20多年来首位获此殊荣的华人钢琴家……

直到有一天，他被冠以"中国的钢琴诗人"的称号，而之前全世界被称为"钢琴诗人"的，只有一个人，他的名字叫作肖邦。

2001年11月27日晚，黑龙江省301国道齐齐哈尔至林甸段，茫茫的白雪在黑夜里显得愈加静默而危险。

一阵急促的刹车声过后，似乎，在遥远的天边，一曲钢琴声猛然弹响，又归于沉寂。时间，定格在22点47分。

无情的车祸，永远地带走了这位对音乐无限热爱的钢琴诗人，这一年，许斐平仅49岁，正是一个音乐家最有创造力的年华，他本应给我们带来更多难忘的经典。

"也许，是上帝想听最好的音乐了吧！"他的一位好友如是说。

而他的另一位好友，鼓浪屿钢琴博物馆的缔造者胡友义先生，把"钢琴长廊"的第一间留给了许斐平。在那台许斐平曾经演奏过无数遍的钢琴上，放着胡友义先生送给他的一个节拍器，那个时候，许斐平还是个孩子，他后来一直把这个节拍器带在身边。

钢琴长廊落成开放的那一天，胡友义先生站在这间琴室前说："播放斐平的唱片吧。"当肖邦的钢琴曲悠然响起时，这位古稀老人，流下了两行热泪。

喧喧市声叠合着那个彩色时代的鸣叫

在烟火气溢的当年

弟兄们摇动着赞歌

所有的抬头

都因为脚底川流不息的叫卖

所有的欢笑

都因为手头人声鼎沸的生意

在那个黑白的年代

留下了彩色的记忆

38 王氏兄弟与延平戏院：『彩色时代』的黑白记忆

少林，少林

有多少英雄豪杰都来把你敬仰

少林，少林

有多少神奇故事到处把你传扬

精湛的武艺举世无双

少林寺威震四方

……

一曲电影《少林寺》的主题曲《少林少林》响起，将人的思绪带回20世纪80年代那个群星闪耀的光影年代。

鼓浪屿安静的夜晚，当延平戏院里响起这首具有强大魔力的主题曲时，孩子们的心早已飞出了窗外，飘向那千里之外的嵩山少林寺。

住在戏院后门那几户人家的孩子，尤其幸福而煎熬。他们总能隐隐约约听到戏院里的动静，对于那些新奇和动感画面的想象，总让人心神激荡。还好，鼓浪屿上的学校包场看电影有优惠，但也由此，负责帮学校包场购票、分配各年段电影票的差事，成了学生最向往的岗位——跟戏院熟了，有机会混进去多看几场电影，想来也是极好的吧。

20世纪80年代，鼓浪屿人对于电影狂热的爱，跟同年代其他地方的人相比，有过之而无不及。比如，《少林寺》上映时，一票难求，大排长队，戏院里的工作人员下班都得从后门溜走，生怕碰上熟人不好办；在那个没有空调的年代，酷夏时节，延平戏院大吊扇下面的座位更是成为众人争抢的"VIP座席"。

当然，这座岛上的人们总体还是温文尔雅的，在电影放映的时候，假如有人偷偷地抽烟或者大声讲话，甚至是嗑瓜子的声音太响，就会有一道威严的手电筒光柱直射过去，一转头，戏院里沉默的大胡子职员正盯着这个人看。

这是一个提醒，也是一个警告。那么，大家好好看戏吧。

延平戏院现貌

戏，是最能穿越时空的一种载体。

当延平戏院里上演一场场悲欢离合的荧幕大戏时，它的楼下，也正进行着一出出活色生香的生活"小品"。

进戏院之前会经过一个走廊，下面是热闹的菜市场，各种菜贩的吆喝声不绝于耳，那是这个小岛最具烟火气的地方。而菜市场和剧场就隔了一块帘布，掀开帘布后就是另一个截然不同的戏剧世界。

人生如戏，戏如人生。这所戏院，本身也有着自己跌宕起伏的剧本。

20世纪20年代末，一对从缅甸回来的兄弟——王紫如和王其华，踏上了鼓浪屿。这是鼓浪屿大开发的黄金年代，也是整个世界在即将面临全球性大萧条乃至残酷战争前的一段平静的浪漫时光。

王紫如对他的兄弟王其华说："我想好了，先建一座菜市场。"

王其华随即回道："嗯，还要有一座戏院。"

两人默契地相视一笑，眼神交汇之时早已明白彼此心中所想，这一次的投资决策不只是商业上的投资博弈，更是一次与金钱无关的情怀初心。

王氏兄弟初到缅甸时，干的是最苦的营生——拉人力车。他们一开

延平戏院内部

始就像南洋版的"骆驼祥子"一样，拼命地拉车攒钱，先是为了能买一辆属于自己的车，继而终于开起了车行，在夹杂着血泪与汗水的打拼中逐步建立起自己的商业帝国，直到成为新的地产大亨。

在最苦的日子里，其他人力车夫用喝酒赌博来麻醉自我，但王氏兄弟却有一个特别的爱好——看戏、看电影。缅甸虽小，但南洋地域的文化交融，给人们提供了许多来自东西方的戏剧、电影和艺术，哪怕是当时的"下里巴人"，也仍然可以在辛苦劳作之余，在光影里找到生活的慰藉。

随着华侨回国投资热潮的开启，商业嗅觉敏锐的王氏兄弟发现，在复杂的时局下，鼓浪屿真的是一个相对安宁祥和的伊甸园。他们在这里注册开办了如华公司，公司名从兄弟二人的名字中各取一字，毕竟，他们是最亲密的兄弟和最默契的商业合伙人，虽各有目标，但并行不悖。

王紫如要建的菜市场，一开始起点就比较高。

1927年初，当如华公司买下今海坛路15号的地皮后，便向鼓浪屿工部局申办建菜市场。与此同时，已经在黄家渡填海圈地的巨富黄仲训也正在积极筹划建菜市场。

相比之下，黄家的确更财大气粗。王紫如眉头一皱，计上心来，他向工部局提了一个"附加条款"，承诺将菜市场日后经营所获红利，捐出一部分给岛上的巡捕队当薪金。这真是一个双赢的好主意，工部局大喜过望，大笔一挥，把菜市场建设权批给了如华公司。

一年以后，当这个三层楼总计2700平方米的新菜市场落成时，果然瞬间惊艳了鼓浪屿人。一楼有20多个店铺和数十个摊位，不仅通风采光好，而且上下水、照明用电完备齐全，还实现了干湿、荤素分离，堪称是当年闽南地区最先进的菜市场。

不过，鼓浪屿原本有个老农贸市场，要让新市场有"流量"，王其华的戏院构想可以说是一个绝好的创意。二楼以东西向构建710个座位的长方形戏院，不仅能演戏、放电影，还可以讲古说书。而且演员休息化妆室、观众休息长廊一应俱全，楼下普通座，楼上雅座。不用说，这样一个时髦的"娱乐中心"和新型的菜市场形成了完美的配套。于是，一开业就生意兴隆，这里很快成了岛上最热闹的地方，就连厦门岛内的人也愿意坐船过渡，来感受一下这种"买菜购物看戏玩乐"一条龙的服务。

王氏兄弟将这座戏院命名为"延平戏院"，正是取自民族英雄郑成功"延平王"之意。延平戏院也自然成为当年鼓浪屿的一个文化地标。许多当时热映的国内外电影，这里都有放映，光影迷离间，时光悄然地转换到了20世纪40年代。

在林语堂作品改编的电视剧《京华烟云》中，片尾曲的歌词有一句写得极好："最明亮时总是最迷惘，最繁华时也是最悲凉。"

延平戏院见证了鼓浪屿自五口通商以来的第一轮黄金时期。然而，在开业不过十几年后，战争的炮火和纷乱的时势让戏院的生意受到重创，

1942年，戏院黯然宣告停业。而曾经满怀雄心壮志的王氏兄弟也逐渐淡出了鼓浪屿的"江湖"。

抗战胜利后，延平戏院的元气并没有恢复，只是租给和乐影业公司放电影，同时改名为"鼓浪屿戏院"。新中国成立后，戏院收归国有，又先后改名为"鼓浪屿影剧院""鼓浪屿电影院"。

尽管延平戏院经历了跌宕起伏的变换更迭，但在20世纪80年代，那个中国电影百花齐放的时期，这座戏院，仍然成为那一代鼓浪屿人对于光影世界的记忆坐标。老观众甚至记得，在放正片之前，通常要放十多分钟的纪录片；影院曾经的工作人员记得，晚上电影放映完后，大家不分工种，一起清扫影院，扫出成堆的瓜子壳。

当年延平戏院的许多电影海报、手绘宣传画，如今辗转落至一些民间收藏者手中，静静地作为历史而存在。这些海报有许多是黑白的，然而，那是鼓浪屿人心中曾经无比热烈鲜活的"彩色时代"。

直面阳光

大海努力抬了抬头

天空结满了鲜花

在另外一个晴朗的地方

不知道会不会下雨

你就这样飞了过去

陈镇和：绿茵场与天空中的『速度与激情』

1936年夏天，进行着奥林匹克运动史上最"诡异"的一次奥运会，在当时的纳粹德国举办。在这届奥运会结束后的第三年，纳粹德国点燃了第二次世界大战的导火索。

不过，那年夏天，在所有参赛国家和运动员的眼里，仍然只有竞技运动的激情。其中，就包括第一次参加奥运会的中国足球队。

虽然那时的中国积弱落后，这支国足却是绝对的亚洲霸主。球队的绝对主力、中场球员陈镇和和他的队友们眼含热泪地走进了他们心中神圣的奥林匹克运动会殿堂。然而，谁也想不到，这些中国足球运动员为了这一趟中国足球的世界"首秀"都经历了什么。

陈镇和（1906—1941）

陈镇和，1906年出生于印度尼西亚雅加达。他是旅居印度尼西亚的华侨，祖籍为福建厦门。12岁那年，他的父亲将他送回厦门，进入鼓浪屿英华书院读书。当时的鼓浪屿，正是中西文化交融的繁荣时期，这里的体育场上，中国人和洋人平等对抗。

运动天赋出众的陈镇和，在这里得到了最好的足球启蒙。他具有典型的印度尼西亚归侨的长相，眼窝凹陷、颧骨较高、皮肤黝黑，再加上骁勇善战，队友都叫他"小黑炭"，球迷则亲切地称他为"猛张飞"。

217

在鼓浪屿"番仔球埔"进行的一场板球比赛（摄于20世纪初）

从日光岩上俯瞰鼓浪屿"番仔球埔"一带

在考入上海国立暨南大学后，他和同学组建了中华队，很快称雄于上海足坛，而后转会到拥有"亚洲球王"之称的李惠堂的乐华队，并成为球队的绝对主力。

21岁那一年，陈镇和正式入选中国国家队，在当时的"325"阵型中，是无可替代的中场核心。那时的中国队称霸亚洲，20年间九次夺得远东运动会的冠军，还曾经以5：0横扫日本队，与其他亚洲球队交手更是战无不胜，令对手闻风丧胆。

1936年，陈镇和与他的队友们踏上了前往柏林奥运会的征程。可是，相比于如今国足的出国待遇，这支亚洲劲旅的出征条件可谓是寒酸且艰苦。彼时的中国内忧外患，根本拿不出太多的资金满足球队的需求。虽然有国民政府拨款、各界爱国人士积极募捐，但仍有几万元的出国经费没有着落。陈镇和与李惠堂、谭江柏等球员共同商议，为了中国的荣誉，无论再难也要去德国参加这届奥运会！

他们提前坐船渡海参赛，开始了为期两个月的海陆奔波——坐头等舱吗？没有！都是最低等的舱位。住豪华酒店吗？别想！都是入住最差的旅馆。吃大餐吗？不可能！饭菜都是自己动手做。

陈镇和的队友在路上生病时，为了给队伍省钱，甚至不愿请医生，硬是忍着把病给"抗"过去。于是，大家商议了一下，在正式比赛前，先到处打打友谊赛吧，多赚点奖金，改善一下大家的状况。

乐华足球队（第二排右三为陈镇和，摄于1928年）

正所谓，哀兵必胜。一路打过去，27场比赛，24胜3平，一场都没输过。陈镇和怒目圆睁，坐镇中场，想要从他这里过半场，简直比登天还难。就这样，他们拿到了当时大约20万港币的收入，这才一路撑到了柏林。

柏林奥运会的比赛，一开始就是残酷的淘汰赛。而中国队抽到的是一支"下下签"，他们的对手是强大的英国队。不过，中国队并没有怂，开场就与英国队打对攻。陈镇和在鼓浪屿踢球的时候，和英国人交过手，深知从气势上压倒对手的重要性。所以，球一到脚下，他立马组织进攻，一度占据了场上优势，通过下底传中打进了一球，但是被吹了一个有争议的犯规，进球无效。

这一次判罚，改变了场上的局势，长期的舟车劳顿加上营养不良，下半场中国队终因体力不支，被英国人打进两球，惨遭淘汰。然而，这支第一次出现在世界比赛场上的球队，得到了欧洲媒体的普遍尊重，他们说："中国足球的水平不亚于欧洲的强队，失败的主要原因是体力不支。"当时一些著名的足球评论员也表示："中国足球队的技术流踢法相

219

当出色，没能取得进球，实属运气不佳呀。"

球虽然输了，但中国足球队的奥运会首秀却赢得了世界的尊重。

一年后，一场真正残酷的大战拉开了序幕。

1937年，卢沟桥事变爆发。就在这年的某一天，重庆的《大公报》刊发了一篇特别报道，引起许多球迷的关注，因为，他们都在寻找一个人。报道里是这样写的：

> 现在，许多南国的球迷们或许要奇怪，怎么他竟无声无息地从体育界失踪了呢？四五个年头的沉默，把一个球王转化为一个保卫祖国的飞将军了！他还在踢球，他粗健有力的右足，现在正用力踏在降升舱板上，他用力把右足蹬出去，为的是不叫那个日本"大球"跳到前面，要加速去追击，他要把日本飞进中国阵地的"大球"都全踢回日本阵地，粉碎在球门里。千百万球迷不必因为失却了眼福而嗟叹，要为这个年轻的球王在天空用生命"击球"而喝彩！

没错，人们正在寻找的年轻球王，正是陈镇和。此时，他正如报道所说的，告别了自己最爱的绿茵场，进入中央航空学校学习，并写下一首诗表达他的心志："男儿莫惜少年头，快把钢刀试新仇。杀尽倭奴雪旧耻，誓干扶桑方罢休。"

这一次，他要守住的半场，是国门；他要冲锋的阵地，是被日本人占领的国土。他，依然是那个怒目圆睁，守卫着自己祖国和民族的中场大将。寸土不让，誓为华夏博太平，冲上云霄，敢教日月换新天。

在淞沪会战最紧张的时刻，陈镇和所在的广东空军北上支援，他独自率领第29中队，担负镇守南国领空的重任。而他们的手上，只有九架美制"道格拉斯O-2型"老式战机，但就是这几架"老爷机"，纵横在中

220

国南方的领空，与日本人周旋，还击落了四架敌机，获得嘉奖。

天空中的战斗，比足球场上惊险千万倍。1937年11月的一天，陈镇和奉命驾驶飞机轰炸侵入江阴的日寇运输舰。在猛烈的交火中，他的飞机被日军的炮火击中，他来不及多想，直接调转方向朝着日军的运输舰撞去，就在即将机毁人亡的一刹那，一朵伞花弹出、绽开，飞机如导弹般精准地击中敌舰，而那个如"猛张飞"一般的飞行员却逃出生天！

中国的媒体为此欢呼雀跃，是的，当年称霸亚洲的球王，如今成了更加传奇的抗日王牌飞行员。

1941年1月，抗战还在胶着状态，有一批苏联援华飞机在新疆等待接收。这个重要的任务，落到了陈镇和与他的战友身上。一个清晨，机组从新疆起飞，要跨越千山万水飞到位于成都的基地。

当陈镇和驾着飞机进入兰州战区的星星峡时，一阵狂风袭来，而新飞机的操纵杆却突然失灵，飞机急速向地面俯冲，这一次，死神没有给他反应的时间，飞机瞬间坠毁。陈镇和，这位著名球星、著名空军抗日英雄，将自己年轻的生命永远留在了这条古道上。

他真的来不及遗憾，来不及回首。但是，世人会记住，从鼓浪屿"番仔球埔"到柏林奥运会的绿茵场，从南国的蓝天到河西走廊的苍穹，曾经有这么一个人，演绎过波澜壮阔的"速度与激情"。

221

那个时候窗户都关闭

里屋并没有音乐

人们踩着无声的节奏

跳舞如同写诗

在那个狂风呼啸的下午

天空上挂满了鱼

白马在沙滩上奔跑

钢琴的黑白键迎风飞舞

你说美华美华

那个下午的阳光如水

还有学堂与奶牛场的乌托邦

40 安礼逊夫妇：安献楼的美丽『乌托邦』

1962年的一个黄昏，美国一幢公寓的一个房间里传出了不安的声音。林德全一边从客厅跑入房间，一边喊着："安老师，安老师！"

床上躺着的九旬老人此刻突然激动起来，却讲不出话，只能急切地伸出手指，颤抖着指向床边的柜子。

林德全一愣，随即明白了安老师的意思。他打开柜子，拿出一卷东西。唉，这看起来不过是一块又破又旧的地毯的一角而已。早在一年多以前就无法辨认人的安老师，此刻，看到这一小块地毯时，突然两眼一亮，伸出手将其牢牢抓在手中。

半晌，安老师抬起头来，看向墙上挂着的一张合照。照片中，一位娴静的老太太端坐在椅子上，身边站着一位白发老先生，他们看向镜头时，眼神中充满了慈爱与温情。

林德全发现，安老师早已干涸的眼眶里，淌出了两行清泪。

几天后，安礼逊牧师安详地离开了人世，去和四年前就已回归天国的牧师娘团聚了。

鼓浪屿，鸡山路。这是一条不为熙熙攘攘的游客留意到的小路。沿着这条路从海边走过，有一幢花岗岩砌的大楼，它静静地伫立着，吹拂着海风，聆听着波涛，看着鼓浪屿日新月异的变化，它便是传闻中的"安献楼"。

20世纪30年代，它是著名的美华中学女校的所在地。在这里，当时鼓浪屿普通家庭的女子也能接受最独特的教育。而这所学校的捐建者，正是我们故事的主人公安礼逊牧师和他的太太——人们口中的"牧师娘"。

安献楼（鼓浪屿鸡山路18号）　　　　　　　安礼逊夫妇

  1906年，安礼逊夫妇接受美国基督教安息日会的委派，来到这座华洋交杂的小岛，从事传教和办学工作。和同时期到来的牧师们一样，他们面对的共同问题都是：没有信徒，当然，也没什么钱。

  当时，安息日会在泉州路开办了一所育粹小学，规模很小。安礼逊夫妇一边传教，一边在岛上物色地块，几年后，他们买下鼓浪屿黄氏族人在"五个牌"①的一块地，筹建美华小学的校舍。

  不过，这对美国夫妇可不是什么"土豪"，他们是把自己在美国的家产变卖了，又掏空两人所有的积蓄，还向亲友求助，七拼八凑才把建校舍的资金筹齐。1912年，美华小学的新校舍建成，不久后，美华中学也宣告成立。

  在如今的人们看来，上学是普遍且必要的存在，办学校甚至可以是一门赚钱的生意。但在那个年代，对于很多普通人家来说，让孩子上学是一件奢侈的事。当时鼓浪屿上走"精英路线"的毓德女校、怀仁女校和一些教会学校，都采用寄宿制，上学、住宿和吃饭都要交钱，一年下

---

① 清政府实行海禁时曾在此设了五个禁止人们下海的大石牌，后人们习惯称这里为"五个牌"。

来要交十几块到二十块不等的大洋，尽管这也算是"良心价"了，但对于月收入不过几块大洋的家庭来说还是相当吃力的。

美华学校的出现，给了这些家庭新的希望。一些父母将信将疑地到学校"踩点"的时候，看到了安礼逊牧师和他的太太正带人在开垦学校内的一片土地，他们便热心地加入挖土、拔草和建木头围栏的工作当中，顺便打听一下学校的情况。

从交谈中，他们第一次听到了一个新名词——勤工俭学。很快，他们明白了这个词的真正含义。

原来，在美华学校上学，孩子们可以用校内劳动的收入来支付生活费和学杂费，除了学习文化知识外，孩子们还能收获许多技能。

安礼逊牧师在学校的土地上开设了农场和奶牛场，每天课后和星期日，学生们都会来这里劳动。男孩子们早上起来，第一项工作就是去给订牛奶的客户送牛奶，送完再回来上学。印着"美华农场"标记的牛奶瓶，便经由美华学生之手，送到鼓浪屿的富人家中。

农场的盈利，成为学校良好运转的关键。1934年，经营农场赚来的钱，加上在美国不断地募捐，安礼逊夫妇买下了鸡山路18号的山地，建设了女校，也就是如今的"安献楼"。

鼓浪屿美华女学校师生合影（摄于1924年）

鼓浪屿美华中学创建人安礼逊（前排右四）与毕业生合影（摄于1930年）

娴静亲切的牧师娘，带着女生们一起做刺绣、鞋垫、红肚兜、香包、手绢和围巾等，这些手工艺品一般都会被教会拿去做慈善义卖，甚至远销美国，收入则算作学费，用于学校运转。

这是中国近代最早的勤工俭学的实践——将美国西部农场模式"移植"到小岛鼓浪屿，农场良好的运转让美华学校可以自给自足，农场产出的优质牛奶甚至影响了鼓浪屿人的生活方式，"牛奶加面包"的早餐开始流行，进而还带动了岛上牛奶产业的兴起。

这个农场，得到了安礼逊哥哥的大力支持。这位远在美国的农场主，直接豪气地用大船运来了几十头美国纯种奶牛，连饲养奶牛用的牧草、萝卜种子以及豆饼，也全都一起随船寄来，可以说是百分之百的"美国配方"。

为了保证牛奶的品质和安全，安牧师娘经常每天凌晨三点钟起床，亲自到奶牛场监督挤奶、消毒、装瓶、加盖等工作。

安牧师在附近的山坡上打下两口深井，架设起从美国引进的抽水风车，借助风力将水送到校区的各个地方。曾经有学生回忆说：

"每天早上，鼓浪屿上空的风经过这两架风车，汩汩的水流直接从水管流到孩子们的宿舍，孩子们洗漱的欢笑声一大早就洋溢开来；而牛舍里，水流入牛槽，喝着井水的奶牛也会哞哞欢叫。"

安礼逊夫妇几乎用一辈子的时间完成了美华学校"乌托邦式"的自给自足经营，改变了无数鼓浪屿孩子的命运。"安献楼"之名，也正体现了人们对安礼逊夫妇发自内心的崇敬。

然而，抗日战争的爆发，打破了鼓浪屿上宁静而美丽的"乌托邦"。

战乱中，安礼逊夫妇被迫天各一方，安牧师因为不愿与日本人合作，被囚禁在鸡山路上的一所房子里，一举一动都受到日本人的严密监视；安牧师娘却被关进了香港的一个集中营里，忍受着饥饿和恐惧，身心皆遭受巨大的摧残，但心中仍然牵挂着远方的丈夫和学生们的安危。

直到1945年，安牧师娘才得以逃出，回到美国，与已经回国的丈夫重逢。这个时候，他们已是年过七旬、白发苍苍的老人了。这对构建了一个庞大教育事业的美国夫妇，把全部的身家和人生中最好的时光都倾注在了鼓浪屿上的美华学校。回国后他们甚至连一个住的地方都没有，只能租住在别人的车库里，过着捉襟见肘的生活。

美华学校的学生们还记得：在安牧师离开鼓浪屿之前，有人问他，这些学校和房产的归属要怎么算？安牧师看了一眼自己只装着《圣经》和衣物的破旧行李箱，拿出一把剪刀，剪下了一块最旧的地毯的一角，笑着说："那，我就带走这个吧，回去可以做床垫。"

安牧师转身离去的那一刻，所有的学生泣不成声。

直到有一天，已经在美国发展的学生林德全，得知安礼逊夫妇的处境，主动上门，好不容易才说动他们住到自己的家里，自此，一直照顾他们到生命的最后时刻。

1958年，90岁的安牧师娘先去了天国。四年后，安礼逊牧师追随而去。

恍惚之中，时间走得太快太快，我们已经没有办法问他们，在这个与他们本无关联的岛屿，耗尽一生，穷困潦倒，到底是为了什么。但是鼓浪屿却永远留下了他们看向世界最深情的目光。

或许，我们永远也无法抵达安礼逊夫妇至纯至善的大爱境界，彼时的世界也并没有回馈给这对无私的夫妻应有的回报，但是，当你听完这个故事，当你有一天经过鸡山路的安献楼，请记得，向他们致以最崇高的敬意。

我透过半明半暗的格子窗望你

阳光斑斑驳驳支离成你美丽的孤单

你在深夜轻拢寒星向我倾诉

一片溢满泪水而终于也不能滴落的天空

41 余青松：来自『星星』的他

叩问苍穹，探索不停，宇宙浩渺，征途无边。中国人自古就有对"上九天揽月，下五洋捉鳖"的向往。

当我们仰望星空时，会自然而然想起李白的"今人不见古时月，今月曾经照古人。古人今人若流水，共看明月皆如此"。不知夜空中那一颗颗闪闪发光的星星，是否还记得百年前那位喜欢眺望星空的少年？

太空中有很多小行星被赋予了地球人的名字，但用中国人的名字命名的行星不算多。人们或许知道有一颗行星用南北朝时期杰出的数学家、天文学家祖冲之的名字命名，但是鲜为人知的是，在我们的肉眼不可见之处，有一颗行星，正是以一位鼓浪屿人的名字命名的。

这颗行星，叫作"余青松星"。

1934年，南京城外的天堡峰，中国第一座自行设计、自主建造的现代天文台——紫金山天文台，赫然呈现在世人面前，一时轰动了国际天文学界。

一个前来参观的日本天文学家，发出了惊叹："日本目前还找不到一个有能力建出这样的天文台的人！"

从此，这里成为"中国现代天文学的摇篮"，许多分支学科、天文台站，从这里生根绵延，繁衍出蔚为大观的中国近现代天

余青松（1897—1978）

229

文学之路。

而这一切的奠基者，正是余青松。

1897年，余青松出生于厦门。童年时，他在鼓浪屿的鹿礁路上玩耍、成长，伴着大海的涛声，抬头就可见浩瀚的星空。在这片星空下，鼓浪屿上的学子们兼具中西教育之利，余青松得以先后就读养元小学、寻源中学，从清华学堂留美预科班毕业后，留学美国，先后在理海大学、匹兹堡大学、加利福尼亚大学学习，获得博士学位。

或许，他天生就和星空有缘。29岁那年，余青松已经是蜚声国际的天文学家，这一年，国际天文协会甚至将他创立的一种恒星光谱分类法，正式命名为"余青松法"。除此，他还是英国皇家天文学会的第一位中国籍会员。

三十而立，余青松载誉回到故乡，受邀筹建厦门大学天文系以及厦大天文台。与此同时，在南京召开的国立中央研究院筹备大会上通过了一个提案，主题是"建国立第一天文台在紫金山第一峰（北高峰）"。

这两条看似毫无关联的平行线，却在两年后的一天，因为余青松而交织在了一起。1929年2月，余青松接到了一封来自南京的聘书——国立中央研究院院长蔡元培，诚邀他就任天文研究所所长一职，同时，请他主持筹建紫金山天文台。

这是一件振奋人心的事情，中国人要有自己的天文台了。但是身为"纯粹型"科学家的余青松没有想到，原来建设天文台，不仅是一个"科研事件"，更是一个"政治事件"，将要面临许多意想不到的"坑"。

在余青松到任之前，中央研究院天文研究所所长高鲁已经做了初步的踏勘、测量、筹集资金等工作，在被调任驻法公使前，正是他向蔡元培力荐余青松。高鲁的眼光没有错，他的这个继任者，将用常人难以想象的坚忍，呕心沥血、倾尽全力地去完成这个前无古人的伟大创举。

然而，很快，第一个"坑"就出现了。余青松发现，原定的台址存在许多不符合建天文台的条件，最主要的一点就是南京雨水过多，尤其是紫金山北高峰，全年空气湿度过大，这对于天文观测来说，是一个极大的影响因素。

他只能连夜写明情况上报，但当他的呈文往上递之后，问题来了。军政要员纷纷责难，认为既然是"国立第一天文台"，当然要建在首善之都，这一点不容辩驳。余青松孤立无援之际只好向蔡元培求助。

蔡元培当然深知这背后的政治逻辑和利害关系，权衡再三，他们商量出一个"明修栈道，暗度陈仓"的方案，天文台还是建在南京紫金山北高峰，将来主要侧重颁历授时和行星的观测研究；以后在国内另找适宜的山，来对宇宙天体做全方位的探索。

新方案初定，上面也同意了，第二个"坑"来了。南京中山陵管理委员会突然拆掉已勘定的天文台盘山公路沿线的木桩。一问情况，才知道，管委会认为，在中山陵所在地修路，就会露出黄土，这无疑是在"国父"头上动土。谁不知道，当时管委会的主任委员正是孙中山的儿子孙科呢。

这时，第三个"坑"接踵而至。传闻说，政府可能要把包括天文台在内的中央研究院所有单位集中到南京城内的清凉山，如果真的建在清凉山，天文台就将彻底沦为政治建筑。

这时，余青松反而镇定下来，他赶紧趁机提议，把天文台台址改在紫金山第三峰——天堡峰。这个改动，得到了国民党元老杨杏佛的支持。但就在他们紧锣密鼓地勘定新台址时，国民党中常会却通过了一份决议，真的要求把中央研究院的一切建筑都集中在清凉山。这是一次与政治、时间赛跑的冒险，杨杏佛负责游说，余青松则抓紧勘测。

大"坑"小"坑"不断，勘测工作刚开始了两天，勘测人员突然被调往镇江。关键时刻，余青松亲自上阵，借来各种测量仪器，做好设计图，前往中山陵管理委员会请求核准。可是陵园方面继续挖"坑"，说设计风格过于西化，没有和中山陵的整体建筑风格保持一致。

站在科学的角度，天文台必须要有能做360度转动的圆顶，这样的圆顶很难设计成中式风格。余青松据理力争，但陵园方面也态度强硬。

据他的随行人员回忆：那天，余所长离开陵园的时候，天空下起了小雨，枯黄的榆树叶落了一地，地上汪着一摊又一摊油一般的雨水，余所长坐进车里时，身子有点抖，讲话时牙齿在打战，他说，觉得有点冷……

余青松苦思冥想，仍无良策。几天后，他决定出去走走，不经意间经过了玄武湖，走到了鸡鸣寺最高处。在那里，他看到两位画师正在作画，在他们笔下，中国宫殿式的建筑和中央研究院的西式大楼竟浑然一体！

余青松茅塞顿开，飞奔下山，不久之后，一份"中式天文台"的设计方案呈上去了，孙科看完之后，无话可说，同意照图开建。

1929年12月21日，漫天飞雪，紫金山天文台终于开建。恶劣的天气并不可怕，可怕的还是人为的"坑"，开建第二天，孙科又以"地近总理陵寝地"为由，禁止天文台工程使用炸药。无奈之下，施工队伍只好手工凿开巨石，这让整个建造工期延长了足足一年。除此之外，建造经费的延拨拖欠、国外购置的仪器无法启用、施工团队频出状况，对于已经司空见惯各种"坑"的余青松来说，这些就是建造天文台过程中的家常便饭。

1931年起，天文台建设进入冲刺阶段，中国也进入了多事之秋。"九一八事变"和"一·二八事变"相继爆发，国民政府宣布迁都洛阳。

在这样的情况下，天文台，要不要再建下去？

熟悉余青松的人都知道，这个温和的厦门人，有着异于常人的韧劲，他几乎是以一己之力，在风雨飘摇之际，"推"着天文台坚定地往前走。1934年9月1日，紫金山天文台揭幕典礼举行，余青松担任首任天文台台长。这一刻，余青松率领着中国的天文学家，翻开了中国现代天文研究的扉页。

抗战爆发后，余青松率紫金山天文台全体员工携仪器离开南京，经湖南、广西撤至昆明。1940年3月，蔡元培病逝于香港。同年底，余青松被新任中央研究院院长免职，几年后再度出国，1955年出任美国马里兰州威廉斯天文台台长。

1978年10月，余青松在美国病逝。

如今，"余青松星"，这第四颗以中国人名字冠名的小行星，依然在广袤的太空中遨游，注视着地球的沧海桑田，见证着新时代的中国人"上九天揽月"，不断探索宇宙的奥秘。

世事浮沉变幻，于宇宙而言，都不过是短得不能再短的一瞬。但不管什么时候，当我们抬头仰望星空，总会感受到遥远的秘密星图里，藏着那些难以言说的深情。

比如说

你这样背过身去

把头低着

蚊子在耳边

我于暗处捏灭烟头

时间在你我之外

游荡

嗡嗡作响

此时世界

是一缕烟

42 帕特里克·曼森：不会抓蚊子的打虎队队员不是好医生

"亲爱的依莎贝尔小姐，这也许是我给你的最后一封信了。当伦敦午夜的雾笛响起，就是我要离开的时间，再度回到中国，我日夜梦回的所在。"

当美丽的依莎贝尔小姐收到这封信时，她的手在颤抖，但忍不住还是读了下去：

"亲爱的依莎贝尔，充满了如火热情的我，在短短相聚的十个月里，不是在图书馆里苦读，就是沉湎在显微镜前，很少对你细语呢喃，情话深诉，真是满心的歉疚……"

信很长，依莎贝尔一字一句地看完，轻轻地叹了一口气。她知道，此刻，她的心上人已经踏上开往遥远东方的船，不知越过了几重惊涛骇浪。

当中国闽南的海岸线跃入帕特里克·曼森眼中时，这位精力充沛的苏格兰人、基督徒、医生，暂时忘却了对依莎贝尔的思念。厦门，这个在许多同仁眼中充满神秘和机会的岛屿，似乎成了他现在的"情人"，是的，他有一场特别的恋爱要和这里谈谈。

这是 19 世纪 70 年代，整个世界都在对自然和社会的许多未知领域发起全面的"揭秘"。作为一个渴望探险的年轻人，曼森从 16 岁学医起，就很不安分，雾气蒙蒙的伦敦让他觉得自己的未来很有可能

帕特里克·曼森（1844—1922）

235

"发霉"。

22岁那年,他争取到了中国海关医务官的职位,在台湾一干就是五年。但他仍然不甘偏安一隅,他想越过海峡西岸,到一个更神秘的地方去。

作为一名医生,曼森痴迷于探索关于疾病的奥秘,即便是在短暂的回英国休憩期间,他依然沉醉在自己的实验和研究中,因此冷落了自己的恋人。但他没有过多留恋,在留下那封信后,动身来到了厦门。

这个冥冥之中的选择,真的成为他辉煌医学生涯的起点。

作为当时闽南乃至中国的重要传教基地,厦门很快给了曼森更多更大的发挥空间,在这里的教会医院,他得以深度参与诊疗及医务管理。同事们发现,这个好动而敏捷的年轻人,原来开得一手好刀呢。

不过,这毕竟是19世纪的中国,"开刀"做手术这件事,对于有着根深蒂固的"身体发肤受之于父母"观念的中国人来说,简直称得上是"大逆不道"了。

曼森发现,只有个别既穷困又觉得自己快没救了的中国人,才会咬咬牙,到教会医院询问一下"什么是手术"。但问归问,敢于"体验"的人少之又少。

他的西方同事对此感到十分苦恼,但曼森转念一想,有戏!他认真查看了手上的病患案例,发现有个19岁的年轻人因为丝虫病腿部肿大变形,痛不欲生,自杀三次都被救下来了。绝望之中,他竟然答应了曼森的要求——横竖是死,不如借你们洋人的刀子,来个痛快的!

动手术之前,曼森做了极为细致的准备,手术过程十分顺利,这个年轻人康复出院时,医院涌进来了一大群好奇的人指名要曼森给他们开刀。自此,手术治疗逐渐被鼓浪屿上的人们所接受,厦门岛的病人也纷纷慕名而来。

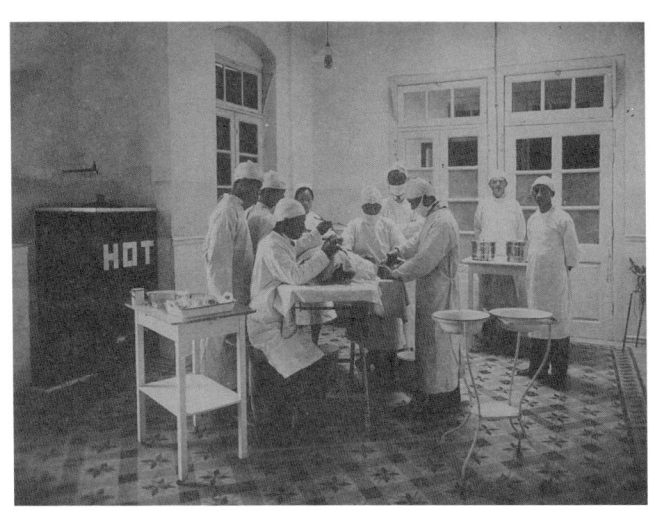

鼓浪屿救世医院医生进行手术的情景（摄于20世纪10年代）

一台手术的成功，并没有让曼森沉溺于赞誉和盛名中，反而让他关注到了致病的原因。他在想，自己救治成功的这个年轻人所患的丝虫病，在当时的中国其实是一种常见病，西方也有，但至今没有人能明白说出导致这个疾病的原因是什么。

显微镜下，曼森发现，这类患者血液中有嗜血丝虫，尤其在夜里，这些丝虫更是密密麻麻十分可怖，最严重的患者身上会多达四千万只。而患者身上的肿块，正是由于丝虫诱导淋巴管出现炎症反应，继而形成淋巴管阻塞，使淋巴回流受阻而出现的症状。那么，真正的"罪魁祸首"到底是谁呢？

就在曼森夜以继日地穿行在手术台和显微镜之间时，他的心上人依莎贝尔终于忍受不了远隔千万里的相思煎熬，也远渡重洋来到厦门，打算和他一起生活在中国。

但踏入曼森的卧房兼工作室的第一天，这位姑娘就惊呆了："亲爱的，你……你到底在这里养的是什么？"

在这个曼森来不及转移自己研究对象的房间里，不仅有标本，还有玻璃罐里飞来飞去的一种有着细长腿和嗡嗡作响的翅膀的生物，简直是令人望而生畏，起一身鸡皮疙瘩的存在。

"哦，亲爱的，你就当它们是我养的宠物吧。"曼森居然十分镇定地答道。依莎贝尔差点当场晕了过去。

没错，曼森口中的"宠物"，正是一般人避之不及的蚊子。

他的研究取得了重大的进展，在有如侦探般的细致追踪和缜密推理过程中，他终于确定，蚊子的胃中有丝虫幼虫，正是它通过叮咬，将丝虫"传"给了人类。蚊子，就是丝虫病的传播媒介。

随着研究的深入，他还发现，居住在中国沿海的人及日本人经常患血吸虫病，这是因为，寄生在人体肺中的血吸虫，虫卵经人的粪便排出，孵化后长成的幼虫进入海里螺类的体内继续生长，再进入螃蟹和虾的体内，最终又被人类"吃"了进去。当这个"循环"被曼森揭示出来时，也意味着预防恐怖的血吸虫病的方法同时被找到了。

这一系列预防和治疗人类热带疾病的划时代发现，就这样在鼓浪屿诞生了。

虽然当时这座小岛上的人们还只懂得亲切地称曼森为"抓蚊子的大夫"，但西方医学界大为震动，毫不吝啬地尊称他为"热带医学之父"。

就在曼森因为掀开热带医学的全新篇章而声名大噪时，他似乎并没有满足于对"小虫"的研究，还顺便对这里的"大虫"发生了兴趣。

那时候，厦门附近经常有老虎出没，据说有的老虎还会泅水登岸，轻则吃掉动物，重则伤人。而曼森不仅"刀法"出神入化，枪法也十分了得。他兴致勃勃地组织了一个由洋人和华人共同组成的打虎队，四处寻找伤人的老虎，甚至因此得到一个新的绰号——"中国最好的狙击手"。

在后来留下的一张照片里，曼森握着枪坐在一众打虎队队员的最前排,双眼炯炯有神,显得兴奋不已。目前为止尚没有资料证明,他们是不是真的遇到过老虎,但冲着他这个架势,假如酒量足够大,曼森看起来还真的能成为一个来自英国的"武松"。

1889年,曼森圆满完成自己在中国的使命,回到英国后他随即协助创办了伦敦热带医学院。1903年,因为对热带医学的卓越贡献,曼森被授予爵位。1922年,曼森病逝于自己的家乡苏格兰。

折一只纸飞机

飞越欧亚海洋一百年的长空

这是一场梦

这是一个岛屿男孩的冲动

乃复飞起

绕厦数圈

我们依然听见

岛屿上空的飞机轰鸣

43 陈文麟：把飞机送给"加西亚"

19世纪，西班牙和美国的一场世纪战争即将打响。美国总统麦金莱正面临着一个胶着的状况。他知道，取胜的关键是和古巴的起义军协同作战，可是，关于这支"友军"人数有多少，战斗力有多强，他们的指挥官是什么脾性，他一无所知。

他只知道，这位指挥官叫作加西亚将军，目前隐蔽在一个无人知晓的偏僻山林中，电报无法联系上，所以，必须通过最原始的方式给他送去一封信。

这时候，军事情报局局长向他推荐了一个叫罗文的中尉，并且表示，罗文一定能够把信送到加西亚的手中。

就这样，罗文接过了总统亲手递过来的一封绝密信函，然而，加西亚将军在哪里，他也一无所知。这封用油布袋密封好后捆在罗文胸前的信，随着罗文登上轮船，航行几天后，趁着浓浓的夜幕登陆古巴海岸，消失在丛林中。三周后，又神奇地出现在古巴的另一端，穿行过西班牙军队控制的领土，最终交到了加西亚将军的手里。

在这个过程中，罗文中尉所要面对的，是未知的危险，危险来自不知身处何地的加西亚，也来自随时有可能出现的敌人，更来自风浪莫测的航程和布满猛兽毒蛇的丛林……

言至此处，或许人们已经想起，自己曾经在书里读过这个惊险刺激的历险故事。没错，这个故事来自曾经畅销全球的书籍《把信送给加西亚》。

这个故事描绘了一种由主动性通往卓越的成功模式，很多人把它当成企业和个人发展的宝典，风靡至今。

但是，谁也想不到，几十年后，在欧亚大陆上空，一个叫作陈文麟的中国飞行员，也和罗文中尉一样，要完成一个近乎不可能完成的任务。

他要送的这封信，其实是一个"庞然大物"——一架名为"厦门号"的轻型飞机。

1929年初，从德国的航空学校学成回来的

陈文麟

鼓浪屿人陈文麟，在担任厦门海军航空处筹备员后不久，就接到了一个任务——代表海军航空处到英国购买四架飞机，并且负责把飞机运回厦门。

购买的过程顺利进行，按原计划，这四架飞机只要运上船，就可以渡海来到中国了。奇怪的是，当时的国民政府知道这件事情后，竟然传过来一个指令，也算是一个"创意"吧——如果其中一架飞机能够横跨欧亚大陆飞回中国，那应该是"极好"的。

当时正处在第一次世界大战和第二次世界大战之间，中国曾经迎来一个短暂的黄金时期，政府和人民都跃跃欲试，想向全世界秀一秀中国的"肌肉"。

陈文麟听到这个消息后，十分开心。于是，国民政府外交部也马上照会沿途的十几个国家，而他们竟然都同意飞机通过本国领空并作短暂停留。

这可真是个好消息！

在遥远的中国，有许多的"加西亚"在等待着陈文麟把这封代表中国国家实力和国际形象的"信"，穿过茫茫云端，"送"到祖国上空，安稳地降落在祖国的土地上。

然而，踌躇满志的陈文麟不知道，自己也和那个送信的罗文中尉一样将面临许多不可预测的危险。

1929年3月4日，陈文麟和一位丹麦飞行员约翰逊驾驶着这架名为"厦门号"的飞机，从雾气蒙蒙的英国伦敦出发了，按他们之前的测算，预计三个星期可以飞回中国。

然而，出师不利，就在他们刚刚飞渡英吉利海峡，离水面60尺时，陈文麟突然发现有一个机器部件损坏了。

受过严格的德国式训练的陈文麟，当机立断，脱掉身上的飞行服，做好坠落在英吉利海峡之后游泳登陆的准备。然而，他心有不甘，毕竟，这是中国人花了大价钱买的飞机，只要有一点点的可能，绝不能让它坠落！

他和约翰逊分工合作，一边掉头飞回伦敦，一边进行紧急抢修。万幸的是，最终飞机没有坠海，安全返回英国进行修理。

3月13日，陈文麟驾驶"厦门号"再度起飞。

但第二次险情又扑面而来。当飞机飞到一望无际的波斯沙漠上空时，往下望去，目之所及寸草不生、寥无人烟。这意味着，沙漠中没有任何可以降落的地方，即使飞机只是出现一点故障，他们都有可能面临机毁人亡的危险。

绝境带给人破釜沉舟的勇气。陈文麟驾着"厦门号"在空中连续飞行了令人难以置信的15个小时，成功地飞越了波斯的无人沙漠，找到了着陆点。

经过短暂的修整之后，飞机再度向着祖国的方向起飞。

可是，变幻莫测的天气在印度的上空向陈文麟发起了挑战——持续将近一个小时的暴风雨，给这架历尽千难万险的飞机又强加了一次"历劫"。发动机竟然开始漏油了，飞机一旦遭遇熄火，后果不堪设想。

机舱内的陈文麟，再次表现了一个专业飞行员面对险情时应有的专业素养。他沉着冷静，在紧急抢修后，竟然重新发动飞机，又逃过了一劫。

离祖国的领空越来越近了，希望就在眼前。然而，陈文麟没有料想到，另一个考验不在机舱内，而在飞行之外。当飞机在缅甸仰光作短暂停留时，长途跋涉、心力交瘁的他竟然因为水土不服患上了疟疾。

这又是一个差点要了命的事情。好在最终有惊无险，接受治疗痊愈后，他迫不及待地登上"厦门号"，驾机飞向中国的领空。

5月10日，"厦门号"历尽波折艰险后终于抵达了广州，随即又"马不停蹄"地飞回厦门。

按原定的计划，飞机降落在厦门的五通民用航空学校。可是，他往窗外看去，场地空空荡荡，没有几个人，这，好像不太对呀。

机场的人告诉他：陈先生，不好意思，我们的欢迎仪式改在了曾厝垵机场，麻烦您再飞过去吧。

5月12日下午3时15分，当"厦门号"稳稳地降落在曾厝垵机场时，这里张灯结彩，锣鼓喧天，爆竹声和掌声四起。陈文麟与约翰逊步出机舱，享受着人们给予英雄的最高礼遇。这时，离他们第一天从伦敦起飞，已经过去了整整60天的时间。

作为第一个驾驶轻型飞机横跨欧亚大陆的中国人，出生在厦门鼓浪屿的陈文麟，用不亚于"把信送给加西亚"的勇气和毅力，在中国和世

曾厝垵机场旧影　　　　　　"厦门号"飞机返国后不久，按照国民政府海军部对飞机命名的规定更名为"江鹊号"

界航空史上，留下了属于自己的伟大传奇。

当时的漳厦海军警备司令部司令林国赓，在致欢迎词时说道："此不仅我厦门光荣，实亚洲各国之光荣！"

1943年，送信给加西亚将军的罗文中尉在美国旧金山逝世。他曾经因为这一次名载史册的送信，被授予杰出军人勋章。立功之后，他在菲律宾服役多年，因勇敢作战而被多次嘉奖。

无独有偶，在一些老鼓浪屿人的回忆中，中国的"飞行冒险家"陈文麟，在驾机回国后，也继续投身于风云变幻的时代洪流中。

在争相传颂的民间传说中，有人记得他的英姿飒爽，有人记得他的意气风发，更多人记得的是那个阳光明媚的午后，陈文麟宛如天神临世般走出舱门时，那震耳欲聋的欢呼声和热闹非常的庆贺场面。

据说很多年后，陈文麟曾经向别人透露，当年驾机飞回中国的主意，最早其实是他向国民政府提出的。

人们好奇地问他，为什么呀？陈文麟没有回答，只是眼中闪烁着别样的光芒。

一切不安如受惊的小鸟

任意撞击大大小小的玻璃窗

情感渗透其中

冰块与玻璃安静地斜靠着

在并不透明的视野里

你和我坐在窗前

我们随意说点别的什么

里屋的音乐悠悠缓缓

眼底的树丛轻描淡写地

在平平坦坦的天空上划出一道道语言

咽音如水

静静流过

1960年的这天，新艳秋又"开嗓"了。

台下坐着一位特殊的观众，他的名字叫周恩来。新艳秋一段青衣唱段唱罢，身为"票友"的周恩来忍不住站起身来鼓掌，脸上写满了欣慰。

直到此时，新艳秋悬着的心才放了下来。这位梅兰芳的第一位女弟子、曾红透京沪的京剧名伶，当下也已经50岁了。即便不提岁月的沧桑，单是多年前受日本人迫害，她的嗓子也是一天不如一天，新中国成立前甚至近乎失声。

而现在，她的声音不但恢复如常，而且比起年轻时的唱腔，竟又多出几分新的韵味来。

周恩来总理激动地上前和她握手，不由得感叹道："原来，咽音唱法真的有奇效啊！"新艳秋也感慨万分："谢谢总理，给我找到了一个好医生呀！"说完，她发现自己不由自主地流下了两行喜悦的泪水。

几天后，林俊卿在他的声乐研究所听到这个消息，十分开心，他对助手说："看，周总理当时给我特批的8000元，真是很值得呢！"

按照现在的说法，林俊卿是歌唱家里最懂医学的，是医生里最懂歌唱的。

林俊卿比新艳秋小

林俊卿（1914—2000）

44 林俊卿：一位医学博士的『斜杠人生』

四岁，出生在鼓浪屿上的一个医师家庭。他的祖父是一个来自福建漳州的农民，因为从牛背上掉落摔断了肋骨，失去了劳动能力，故来到厦门，加入了教会。也算是因祸得福，林俊卿的父亲林谨生得以有机会在这座东西文化交融的小岛上学医，有所成就后，还娶了岛上大户廖家的女儿廖翠畴。

林俊卿的母亲廖翠畴有个堂妹叫廖翠凤，她的先生，便是大名鼎鼎的林语堂。在这样一个"有才"的家族中，林俊卿如鱼得水，礼拜堂的圣诗是他的音乐启蒙，同时，他也没有耽误父亲对他从事医学的规划——音乐和医学，感性和理性，原来真的可以在一个人的身上完美融合，就像鼓浪屿东西文化交汇融合的独有气质一般。

林俊卿、许恬如夫妇

林俊卿从南京金陵大学毕业后，考入北京协和医学院，获得医学博士学位后在上海行医，是我国小儿科医学方面一位难得的奇才，也做过妇产科、外科、肺科医生。

闲暇的时候，这位林医生喜欢玩玩音乐。有一个休息日，他被一位福建同乡拉去听交响乐课，可是一到现场，差点没把他吓坏！

原来，这天讲课的人不是别人，正是当时上海最有名的工部局乐队的创办者、东亚最负盛名的音乐家梅百器。更出人意料的是，这上海滩的传奇音乐宗师，听说林俊卿来自鼓浪屿，是个会唱歌的医生，居然要他当场"来一段"！

这就像是"关公门前耍大刀""鲁班跟前弄大锯"，再怎么实力悬殊，也得硬着头皮上了。

林俊卿深吸一口气,开嗓就唱。梅百器一边听,一边在心里暗暗琢磨:这个年轻人,虽说唱得还有些瑕疵,但声音条件是真的不错!

林俊卿一曲唱完,心中正忐忑呢,梅大师盯着他笑了笑,接着问了一句:"你,愿意做我的学生吗?愿意的话,下周你正式来上课,不过,记得带上学费,每堂课五美元哦。"

这简直就是天上掉下来的大好事!但是,一节课要五美元呀!

虽然林俊卿当时已经成了医生,但五美元对他而言,确实不是一笔小数目。可是,能做梅大师的弟子,这个机会是当时所有学音乐的人梦寐以求的。也罢,机不可失,林俊卿咬咬牙,赶紧答应下来,大不了多加班、多看几个病人,万一梅百器转头反悔就晚了。

林俊卿不知道的是梅大师其实也正偷着乐呢,他知道,自己捡了一个宝。

但上帝总不会那么慷慨,把什么都给你。尽管林俊卿有一副好嗓子,但音域并不算宽阔。所以,他还是有自己无形的"天花板"。而在梅百器的精心雕琢下,林俊卿迅速掌握了正宗系统的意大利美声唱法,他发现,自己的嗓子正在发生着神奇的变化。

后来,林俊卿又碰到了人生中另一个重要的老师——意大利著名男高音鲍那维塔。他,可是西方咽音唱法的顶尖高手。

林俊卿好比武侠小说里"开了挂"的武林奇才,又习得了一门"传世绝学"。

在接受了鲍那维塔一段时间的咽音训练后,他惊讶地发现,自己的声音发生了质的飞跃。他的高音和低音都增加了三个全音,以前望尘莫及的那些高难度歌剧咏叹调,现在唱起来居然毫无压力!

如果,按照这条路走下去,或许,中国会多一个以咽音唱歌剧的歌

249

唱家。但林俊卿好像又开始"跑偏"了，因为在他心里住着两个他极致热爱的"孪生子"，一个叫"音乐"，另一个叫"医学"。

说起来，"咽音"在西方并不神秘，它是意大利美声唱法的核心和声乐黄金时代的主流唱法，但是对中国人来说，确实比较新鲜。林俊卿发现，国外对咽音的研究还仅限于实用主义和经验主义层面。而作为医生，他想要用自己的医学知识，来解析这个技法背后的生理原理，这将会是一件极具价值的事情。

1950年，他在自己开的诊所里专门设置了喉科。每天繁重的行医工作结束后，他就一头扎进咽音研究的海洋中。慢慢地，他发现自己不但没有跑偏，而且跑对了，"咽腔"共鸣的训练，不仅可以大大改善人的音域、音色，甚至还可能治疗一些疑难嗓疾。

然而，谁来当这个试验的"小白鼠"呢？

就在咽音之法止步于理论，无缘于临床之际，一位叫王昆的歌唱家出现了。

王昆是第一个演唱歌剧《白毛女》的歌唱家，彼时这位人民音乐家因为"洋、土嗓子"之争，被迫去向苏联专家学习所谓的"科学的洋方法"，结果，洋方法没学到，自己多年的民族风格唱法也被毁掉了，声音变得空洞而暗淡，连曾经驾轻就熟的《白毛女》也唱不了。

王昆四处求医未果后，听说有一个叫林俊卿的医生专治喉疾，方法独特，决定一试。她抱着"死马当作活马医"的心态前来就医，但林俊卿可不这么想，他花了足足半年时间，让这位歌唱家用咽音练声。

经过林俊卿的妙手回春，这位差点沦入凡尘的巨星不仅重新开嗓，甚至还升了一个调！

自此之后，林俊卿更加声名鹊起，包括新艳秋在内的越来越多的歌唱家，经他治疗后重返舞台。周恩来总理得知后，亲自批了8000元人民币的科研经费,供他购买书籍、设备之用,这在当时可是一笔"巨款"。后来,中央又决定在上海建立新中国第一个声乐研究所,林俊卿被任命为所长,享受教授级待遇。

就这样,中国虽然少了一个在舞台上星光万丈的歌唱家,却多了一个在幕后默默为无数歌唱家"修理"声音的匠人。

在那个年代,我们听到的许多美妙歌声,有很大一部分都是林俊卿用咽音唱法"调理"出来的结果。

在一个个挑灯夜战研究的夜晚,兴之所至,他也会唱上一段歌剧,尽管,听众只有自己。

1999年,中央音乐学院等单位联合举办了一场"林俊卿嗓音边缘学科暨科学与艺术研讨会"。谁也没有想到,这样一场学术会议,竟吸引了上百名中国著名医学家、物理学家、音乐家和画家前来参会,盛况空前。

著名物理学家李政道博士抱病参加会议,并执意要发表演讲。这位蜚声中外的诺贝尔奖得主,对艺术有着同样的热爱,坚持要亲自表达自己对林俊卿的敬意。

他说:"科学和艺术是不可分割的,就像一枚硬币的两面,它们共同的基础是人类的创造力,他们追求的目标都是真理的普遍性。"

第二年,世纪之交的千禧年,林俊卿在上海安然辞世。他所留下的科学和艺术的智慧结晶,依然泽润着新一代歌唱者的"中国好声音"。

不知道会不会还有船?

你紧紧抓住我雪白的衣角

风从山那边一直吹过来的时候

已经变了另一种方向

树叶的尸体纷纷飘落

飞飞扬扬

在你和我默默对立的四周

陆地开始倾斜成深不可测的海洋

韩国磐：独上高楼，望不尽历史沧桑路

20世纪70年代的一个深秋时节，乍暖还寒，外面已经安静下来了，鼓浪屿的一座红砖小楼里灯光还暖暖地亮着，但似乎也透出几丝倦意。

书桌上老式闹钟的时针已经过了十点，桌前那位清瘦的先生终于合上了书，揉了揉眼睛。许是太累了，白天要给学生们讲课，到了晚上，还要一边看书，一边与身体里的病魔作斗争，这样反反复复的折磨，让他不胜烦扰。

这个离不开的"老朋友"，一年四季都得"小心伺候"，眼看天气越来越冷，怕是又要来捣乱了。

果然，厦门大学历史系教授韩国磐先生的胃，又开始出问题了。

这一年，他也有56岁了，可是看到那些同龄的教授们能吃能喝、精神矍铄，他不由得心生羡慕，如果自己也能有一个好身体，是不是就可以做更多事，做得更快些？

韩国磐（1920－2003）

多年来的老胃病，这一次看来并不是那么"简单"了。跟之前的胃痛不一样，这一次是吃不下东西，连一个面包配水吃下也得费好半天的工夫。妻子、孩子、同事、朋友看着他一天天消瘦，心急如焚，都在催他还是去医院做个全面检查。

可是韩先生啊，他还是一如既往地忙，他有太多的历

史课程要做了。而且,这个时候,外面的政治环境对于一个想专心治学的教授,尤其是一位研究历史学的教授来说,也是相当"微妙"的。

"文化大革命"一开始,就让想专心治学的厦大教授们难以独善其身。他所在的历史系是"重灾区",受"胡风事件"的影响,他和虞愚、黄典诚、傅家麟等知名教授,都无一例外被隔离审查了好长一段时间。如此一番折腾,让他本就脆弱的胃,更是雪上加霜。

更让人揪心的是,因为他的原因,让本来跟他一样醉心历史的儿子韩升考学受阻。儿子未来的人生路要怎么走,谁都心里没有数。孩子虽然明事懂理,但心中的苦闷,做父亲的怎能不看在眼里呢?

不过,韩国磐心里装得最"重"的,还是他的那一本书——《隋唐五代史纲》。

在新中国刚成立的那几年,韩国磐享受过一段可以醉心学问的黄金时期。

1954年,韩国磐的第一本专著《隋朝史略》出版了。这是新中国第一部断代史专著,对当代中国史学体系的构建意义非凡。那时候,他还只是一个三十出头的年轻人,虽然身体不好,许多研究都是在病榻上做的,但他的学术生涯迎来了第一次井喷:《隋炀帝》《柴荣》《北朝经济试

韩国磐先生在看书

韩国磐先生家中书房兼会客厅

探》《南朝经济试探》等专著陆续面世,这颗耀眼的学界新星,强忍着病痛,在他热爱的历史海洋里畅快遨游。

1956年开始,他把自己在教学过程中整理的厚厚的资料,梳理总结成一本自用的教材,这是一本系统的隋唐史"干货"。没想到,大家一听说有这本教材,连许多外校的老师也慕名前来借阅,借来借去,把教材都快翻烂了。出版社得知此事后,赶紧联系他,干脆正式出版成书。

1961年,《隋唐五代史纲》第一次正式出版,成为许多高校的历史学指定教材。

一晃十来年过去了,在厦门大学担任中国古代史和专门史博士生导师的韩国磐,虽然只把自己看成一个普普通通的教书匠,但其实在史学界,他已经是公认的当代中国魏晋隋唐史学科和中国经济史学科的奠基者之一,也是我国第一个专门史(经济史)国家重点学科的学术带头人。

《隋唐五代史纲》问世后越是受欢迎,韩国磐越觉得这本书要修订的地方非常多。第一版就像一块未经雕琢的璞玉,虽然淳朴,但离一个史学大家对自己的要求还是相去甚远。

尽管各种运动不停地打断他的研究,繁重的教学工作也得见缝插针地进行,但只要有一点喘息的时间,他就抓紧修订,梳理成文稿。

就在他这次发病前,出版社也决定重版这本书。眼看着修订就要接近尾声了,学术上的"关"他都已经一一攻克了,可是身体这"关",他觉得自己怕是熬不过去了。

在家人的坚持下,他去了医院做全面检查。结果出来的时候,韩国磐一点也不吃惊,是的,食管癌晚期。听到这个结果后,他的第一个念头竟然是:无论如何,要赶在过鬼门关前把这本书修订完,也许,它就是自己人生的最后一本书了!

医院派出了顶级的专家组为他会诊,决定手术方案。手术由两个小组同时进行，花了整整5个小时，切除了20厘米的食道，取出一个直径5厘米的肿瘤；又把胃提高20厘米，与喉头连接。主刀的李温仁大夫为了防止术后引发炎症，把他的胃提出胸腔外，做成了一个"胃瓶子"。

就这样，这个特殊的"装备"成了韩国磐自己的一个"悖论"——它维系着自己的生命，同时又是一个束缚。术后的化疗更难熬，可是人们看到，瘦弱无比的韩先生似乎比手术前更为平静平和。

或许，在这些与死神斗争的日子里，只有他自己知道，在他的脑海里，有王侯将相的生死浮沉，有隋唐英雄的忠勇义信，五代十国的乱世纷争，更有这些画面里潜藏着的无数普通百姓的悲欢离合，以及故事背后更深远的以史为鉴。

他越发地知道了自己为什么会终其一生钟爱着历史这个学科。历史，拉长了人生的维度，看惯过往沧桑，朝代更迭，风云变幻，自己以一个个体面对"千古艰难唯一死"的大限，似乎也不值得大惊小怪了。而病房之外的斗争和喧嚣，也一定会尘归尘，土归土。

人们惊奇地发现，这位虚弱的先生，每天清晨，会在家人的搀扶之下到鼓浪屿的海边散步。天是湛蓝的，涛声是清亮的，红日从日光岩上升起，岁月并没有被蹉跎。

在学生和编辑的帮助下，倾注韩国磐先生全部心血的《隋唐五代史纲》的第一次修订本，送到了他的病床前。

书出来了，韩先生似乎一天比一天更有朝气，这本书也并未成为他的"绝唱"。

此后，他和那个开了"外挂"的胃又相伴了数十年，他的学术生涯更是继续如"开挂"一般：《魏晋南北朝史纲》《隋唐五代史论集》《中国古代法制史研究》《唐代社会经济诸问题》《南北朝经济史略》等一系列专著问世，把他再次推向中国史学的顶峰。

韩国磐先生在家中为博士生授课（摄于20世纪90年代）

  多年以后，他的儿子韩升也成为一代学术大家。他曾经回忆道：父亲最喜欢王国维在《人间词话》中的一段话。没错，就是关于学问的"三种之境界"。从"昨夜西风凋碧树，独上高楼，望尽天涯路"，到"衣带渐宽终不悔，为伊消得人憔悴"，再到"众里寻他千百度，蓦然回首，那人却在，灯火阑珊处"。

  鼓浪屿那幢小楼的橙红灯火，也许，也在明明灭灭间，讲述这个关于热爱的励志故事，它照亮过韩国磐先生的心田，也照亮了一段属于历史的沧海桑田。

所有的阳光

都藏在你的兰花香里了

在你回家的路上

写满了留白的问候

46 严楚江：满庭花簇簇，添得许多香

"现在发布橙色预警，台风即将登陆，台风即将登陆！"

广播里不停地发布着台风预警，出海的船儿早就躲进了避风港，鼓浪屿上家家户户也都紧闭门窗。

一年四季，这座小岛大部分时间都是风平浪静的。而在台风突至的时节，小岛宛如茫茫大海上的一叶扁舟，狂风骤雨从四面八方展开夹攻，人们的心也被揪了起来，没有人知道天公发怒一次，威力到底多大，只有风雨过后，才能看清损失。

可是，偏偏这时候还有人要顶着狂风暴雨出门！

严楚江穿上雨衣，随手拿了一把伞，刚踏出家门，伞就被吹翻了过来，如同大雨中迎风绽放的一枝"伞花"。狂风拽着雨伞，将人整个往后拖，这伞不仅遮不住风雨，反而成了累赘。罢了，还是收起来，反正都已经淋透了。

严夫人追到门口急切地问："你要去哪里啊？"

严楚江摆摆手："我要去兰圃，昨天晚上我看过的那几盆还在外面摆着呢。"说完，这并不高大的身影便摇摇晃晃地消失在巨大的雨幕里。

等他再次出现在家门口时，已经全身湿透，成了彻彻底底的"落汤鸡"，脸上却露出了安心的笑容。

严夫人知道，丈夫的那些"宝贝"应该是没有危险了。可是一进门，严楚江就一连打了好几个喷嚏，看样子又要患一场风寒感冒了。这种情况，严夫人已经司空见惯了，如果不是这种极端天气，她这位"花痴"丈夫，怕是要和那些"宝贝"待到天黑才肯回来的。岛上的气候，晚上海

风大，天一冷，就很容易着凉感冒，但即便是发着烧，他也还是要每天去看一遍才放心。

看见狼狈如斯的丈夫，严夫人又气恼又心疼，他得是有多爱它们呀！

60多岁的厦大教授严楚江，住在鼓浪屿上的教师公寓。这座小岛，是许多植物的天堂，当然，在那个年代，这里还不是一个人声鼎沸的旅游胜地。20世纪的60年代，严楚江可以在这座小岛上安安静静地专注于他的那些"宝贝"们。

严楚江（1900—1978）

日光岩的西南面，有一个厦门华侨亚热带植物引种园，当时严楚江兼任厦门市植物研究所的副主任，这个引种园正好是他们的下属机构，厦门市科委在这里开辟了一个小苗圃，专门种植兰花。苗圃离家并不远，这让严楚江喜出望外。

从发芽到盛开，他每天都守在盆栽前，等到花开得最繁盛的时候，就要把它们送到风行照相馆去拍照。这是厦门最老牌的照相馆之一，兰花的姿态也只有在这里才能被记录得淋漓尽致。照完相，再一盆一盆地端回去。

那些携家带口来拍照的人，想借一下他的花作背景什么的，他一概拒绝。人们在背后偷偷地骂他：老先生，小气鬼！他也觉察到了：呵呵，小气就小气，我的花，可不是用来给侬作背景的。

严楚江是上海人，中学毕业后考入东南大学农学院园艺系，从此开始了与花草为伴的一生。他曾经以第一名的成绩公费赴美国芝加哥大学生物系留学，虽然有庚子赔款奖学金，但生活依然清苦，严楚江硬是咬咬牙，只用两年就获得了硕士学位，又一鼓作气拿下了博士学位。

学成归国后，正赶上战乱频发的年代，严楚江像一株漂泊无依的蒲公英到处寻找扎根的土壤，辗转多家学校任教，一直到新中国成立初期，终于来到被誉为"南方之强"的厦门大学，这里就此成为他扎根下来的沃土。

身世浮沉的几十年，他已经在植物学界小有名气，连续出版了几部植物形态学专著，其中有好几本还经常脱销。按照现在的说法，严楚江应该算是植物学界的"网红作家"了。

到了厦大之后，国际植物形态学会传来消息，邀他成为会员。这个会员可不容易当：一来，当时的会员中只有两位中国人；二来，每年要交20美金的会员费用，这对于他这个教书匠来说，算得上是一笔"巨款"。还好，厦大校长王亚南听说以后，马上拍板："这钱由厦大出，这不仅是严教授的荣誉，更是厦大的荣誉、中国的荣誉！"

严楚江知恩图报，他把自己后半生的"根"，就这样结结实实地扎在了南国的这片土地上。

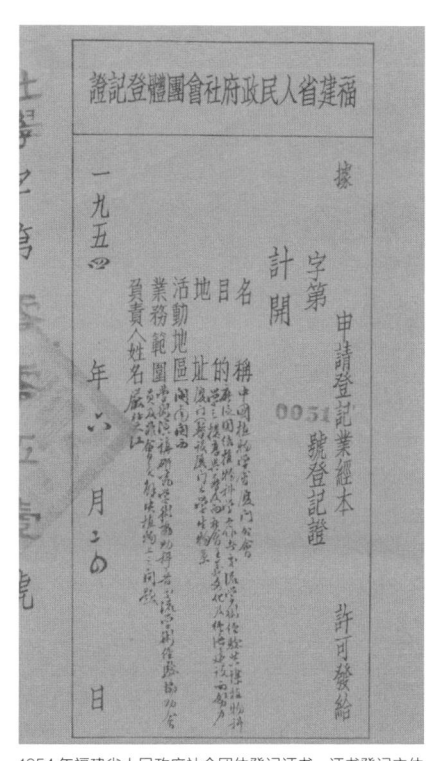

1954年福建省人民政府社会团体登记证书，证书登记主体为中国植物学会厦门分会，分会地址为厦门市厦门大学生物系，活动地区为闽南、闽西，负责人为植物形态学家严楚江教授

作为一位享有"特殊礼遇"的教授，严楚江给同事们的印象，就是

261

严楚江教授和他的学生

除了正常的上课之外，经常"玩消失"，不用问，他肯定又一头扎进了他的兰花圃中。

中国是东亚兰的发源地，作为花中君子，兰花历来是文人墨客的心头好。假如来个诗词大会，用一个"兰"字玩飞花令，怕是能来个几百句不重样的。福建种植兰花的历史可以追溯到宋代，而厦门也早就是名兰产区。

谁都不知道，严楚江是怎么在人过中年之后，突然开始痴迷于研究兰花的，但了解他的人都知道，他肯定不是玩物丧志，而是"走心"了。自此之后，他的后半生，只有一个目标——完成《厦门兰谱》一书，没错，为厦门的兰花书写完整的历史脉络。

《厦门兰谱》从20世纪60年代初开始动笔，严楚江的原则是：凡厦门所有兰属植物，不论是国内原产，或由外邦引进，一概入选。厦门以外地区，只要能力所及也加以收集。他在《厦门兰谱》的绪言中写下一句话："植物图谱代表一国之文化，福建兰为兰属主要部分之一，为我国名花，因此执笔，着手写作《厦门兰谱》。"

说得云淡风轻，却做得如痴如醉。到照相馆给兰花拍照，是为了记录兰花盛开的形态，画国画亦然。

生于书香门第的严楚江画得一手好国画，书中所有的插图都是他自己一手包办。但即便如此，这本书的进展还是很缓慢，别的不说，单是绘图所用的颜料就花费了好些年去寻找、对比、研究，最后才确定用全天然的轻胶颜料，因其最接近兰花本身的气质，而这种颜料只有苏州才有。

在那个没有电商网购的年代，想要找到这些颜料，其中波折可想而知。

更何况，鼓浪屿的兰圃只是研究中心，福建的崇山峻岭乃至江浙、两广和海南，更是他一路寻兰的大好河山。对于一个年过六旬的老教授来说，这样的田野调查工作量，又是何等的繁重！

外人只看到，那些年里严楚江的胡子越留越长，越留越有范儿，越来越像他所栽培的兰花那样飘逸。直到他须长发白，集园艺学、植物分类学与植物形态学于一体的《厦门兰谱》也终于大功告成。

这本严楚江呕心沥血写就的著作，果然不同于一般植物学的书，这本书的装帧用的是古色古香的线装，真可谓"兰如其书，书如其兰"。当时的中国科学院院长郭沫若、国内的几位植物学泰斗都为此书题词作序，盛赞这本书对当世植物学研究有着重大意义。

1964年，《厦门兰谱》的第一版呈现于世人后，严楚江依然孜孜不倦地继续养兰画兰写兰，其间不少研究因"文化大革命"而被迫中断，许多手稿只能存于书橱。1978年，严楚江先生猝然去世，这些手稿也都来不及正式出版。

到现在，人们翻起这本有些泛黄的旧书，或许还会好奇发问，这位"花痴"教授喜欢的为什么是兰花呢？答案可能有许多，比如，有人记得他在动乱年代那些硬气的君子气度，有人记得他在课堂上讲解植物历史时的恣意飞扬……怎么说呢，也许人和植物之间的共鸣，只有自己最清楚。或许与胡适先生这首名曰《希望》的小诗中所描述的情感及对兰花的喜爱异曲同工、意气相投吧。

我从山中来，
带来兰花草，
种在小园中，
希望花开好。

一日望三回，
望到花过时；
急坏看花人，
苞也无一个。

眼见秋天到，
移花供在家；
明年春风回，
祝汝满盆花！

我坐在窗前

我坐在窗前离夜很近

白纸静静地摊开

表达我悸动不安的心境

隔着玻璃我看见了

被树枝划破的苍白的月亮

像我那颗静静地铺在窗前的心

敏锐地感受着风的来临

这时有人敲叩着我的木门

这时有一只白皙的手敲叩着我的木门

那声音

就好像泪水滴落在天空

我侧了侧脸

我听见了什么

我听见了什么

冬天以一种锐利的方式

在我唯一的玻璃窗上划来划去

47 林祖密：满门忠烈垂青史

1949年，新中国成立前夕。白色恐怖笼罩下的台湾岛，刚被蒋介石任命为"台湾省主席"的陈诚，罕见地亲自来到监狱，踏进了一个关押所谓"政治犯"的牢房。那是一个冰冷的空间，关押着一个衣衫已然褴褛却仍然目光炯炯的青年。

两个人的对话时间并不长，只听得陈诚长叹一声："林正亨啊林正亨，你父亲好歹也是我国民党的元老，你何苦冥顽不化呢？"而后，摇摇头走出牢房。

冰冷的铁门再次关上，林正亨忍着伤痛站起身来，继续在狱墙上写完自己的那首绝命诗……

与此同时，在海峡的这一边，他的妹妹——已经改名为林冈的林双盼，正以随军记者的身份，跟随共产党中央一路从西柏坡走进中南海，准备迎接开国大典。

她还不知道自己哥哥的境遇，只是心里无限牵挂。但在那个举国欢庆的时刻，她也常常在想，可惜父亲早已不在人世，如果他能看到如今这个新的中国，不知该有多么欣慰！每每想到这里，她也会不由自主地想起自己从小生活的鼓浪屿，想起在台湾雾峰度过的那让人又爱又恨的少年时期，只是，终其一生，她再也没有机会回到这些地方去看一看。

历史就像一个让人捉摸不透的"闭环"，不知道从何时起，命运的齿轮便开始转动，亦不知什么时候，便会开启新一轮的循环。

1913年，林正亨和林双盼还没有出生，而他们的父亲林祖密，正做出了自己人生的一个重大决定，或许当时的他也未料想到，这个决定会改变一个家族的命运。

这一年，林祖密也才36岁，但已经是台湾雾峰林家第七代长房的掌舵人。那时的台湾，素有五大家族——基隆颜家、板桥林家、鹿港辜家、高雄陈家和雾峰林家。作为台中市雾峰区知名的望族，集政、军、农、商势力而兴旺近百年的林家，到林祖密这一代却依然保持这个家族独特的"特性"。用通俗一点的话来说，就是：骨头硬。

林祖密（1878—1925）

林祖密的祖父叫林文察，曾任福建陆路提督，在与太平天国军队的战斗中殉职，后来受封"太子少保"衔。林文察的嫡长子林朝栋，世袭骑都尉，也是一代名将，因为协助首任台湾巡抚刘铭传抵抗法国人入侵，获赐"劲勇巴图鲁"的称号，作为官方认证的勇士称号拥有者，他也是清代唯一以道员身份穿戴黄马褂的人。

1895年，台湾被割让给日本，林朝栋先是留在台中和新竹抗日，但时势不继，他愤然率领族人内渡大陆。但是，毕竟在台湾还有庞大的产业需要人打理，他选来选去，还是选了自己最放心的三儿子林祖密，让他回到台湾去操持家业。几年之后，林朝栋心系被日本人欺凌的台湾，在忧愤中离开了人世。他这一走，让在台湾目睹日本人暴行的林祖密，也彻底想明白了：我堂堂雾峰林家，不受你这倭人的鸟气！

趁着回祖国大陆奔丧之机，林祖密积极安排在台的家人迁到厦门鼓浪屿，同时，他直接向日本驻厦领事馆提出要退出日籍，恢复中国籍。

这在当时可是一件石破天惊的大事情。尽管有不少台湾人想方设法迁回祖国大陆，但大都避开日本人的锋芒，以免招来不必要的麻烦。可是林祖密的骨头真的是够硬，直接跟日本人"杠"上了！

日本人一开始自然是勃然大怒，不过，他们的算盘倒也打得很精，按捺下怒火之后，竟爽快地答应了林祖密的脱离日籍要求。"爽快"的背后，是贪婪和狡猾。他们看中的，是雾峰林家由林祖密操持的庞大产业。日本人很快列出了一张清单，林家长房在台产业的将近90%，由日本政府没收或低价收购——你不是想脱离日籍吗？那就趁机吸干你的血，吃尽你的肉，还要榨干你的骨头。

这一招相当阴毒，日本人觉得，这肯定是一个两难的选择。没想到，面对家国大义和巨额家产，林祖密豪气干云，毫不犹豫地选择了前者。

这一年的冬天，他获得中华民国内务部许可，依《中华民国国籍法》及施行细则核准获得中华民国国籍，归籍执照号码是"许字第一号"。

在很多人看来，这一个接近于"自杀式"的脱籍行为，简直就是疯了！但林祖密泰然自若，安然若素地住到了鼓浪屿。他也因此成为乙未年台湾割日以来，台湾士民内渡者中正式取得中华民国国籍的第一人。此后，林氏一门常常以此为豪。

改籍之后，林祖密依然发挥林氏祖传的经商才能，继续进行地方实业的开发。他在鼓浪屿的三丘田兴建了一幢大邸园，名为"宫保第"。这个名字，延续了他父亲林朝栋在雾峰所建宅园的名称，而"宫保"的由来，正是源于祖父林文察受封"太子少保"的宫衔。

在这座"宫保第"建成后，人们发现，林祖密居然雇用了几个日本人，对外的说法叫作"顾问"。人们猜来猜去，不解其意，终于有人忍不住开口问他缘由。

林祖密挥挥手让这几个日本"顾问"到宅子外面去，然后笑着跟来人说："本人不甘吾台湾沦入异族日寇之手，自脱离日籍回归祖国以来，

林祖密身着戎装，在鼓浪屿"宫保第"　鼓浪屿"宫保第"现貌
里留影

每恨无处对日本人泄愤，因此故意雇用日本人，一有机会就叫他们立于面前，骂他们是禽生臭狗，或者以日本人惯常骂人之马鹿野郎对之，以快我心也。"

他说的"马鹿野郎"基本等同于日本人常讲的"八格牙路"。在当时各国势力交错的鼓浪屿，脾气刚烈的林祖密用这样的方式来表达他对日本侵略者的痛恨，这件事让人们津津乐道了很久。

但是，如果光会泄愤，那就不是林祖密了。回到祖国后不久，他便开始追随孙中山，参与了讨伐袁世凯、护法运动等重大历史事件，像自己的先辈一样，他愿意在戎马倥偬和快意恩仇中，去"杀出"一条让这个国家真正强盛起来的道路。在此期间，他甚至把在台湾剩下的没有被日本人占有的田产全部变卖，充作革命军的军需。后来，孙中山先生正式签发任命状，委任林祖密为闽南军司令。

然而，在那个风云诡谲的时代，这个铁骨铮铮的汉子，最终还是没能躲得过"暗箭"。1925年，在脱离日籍回归祖国的第十二个年头，林祖密被北洋军阀李厚基旧部师长张毅设计刺杀身亡，年仅47岁。

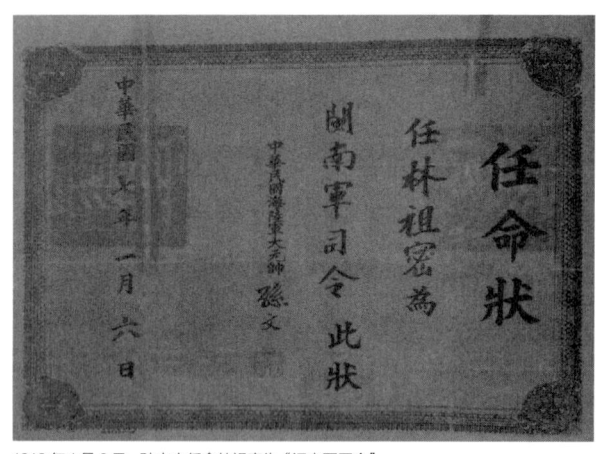

1918年1月6日，孙中山任命林祖密为"闽南军司令"

当然，林家的传奇并没有因此而终止。

跟随林祖密回到祖国大陆的大儿子林正亨，在抗战时期，参加第二远征军赴缅甸抗日作战，在缅甸的战场上，九死一生；女儿林双盼，在林祖密被刺杀后，不得已随家人返回台湾，度过了寄人篱下的少年时期，成年后，又追随父亲走过的路，回到大陆，积极寻找抗日之路，最终选择加入中国共产党。

成为抗战英雄的林正亨，对国民党极度失望，在妹妹的引导下，成为秘密共产党员，后潜伏回台湾开展地下工作，因有人告密而被捕入狱，但拒不接受陈诚的劝降，慷慨赴死。

林正亨在监狱墙上写的那首绝命诗，依然有着雾峰林家挥之不去的硬气："乘桴泛海临台湾，不为黄金不为名，只觉同胞遭苦难，敢将赤手挽狂澜！"

也许，一个家族的财富总有烟消云散的一天，但炽热的家国之爱，却能成就家族无上的荣耀，铭刻于历史，镌刻在人心。

所有的故事都装在罐头里面
在味道之间
在新鲜的里面
在风雨飘摇之中
在日出之前的光里面

48 黄廷元：因为我对这片土地爱得深沉

1945年9月，刚刚把日本人赶走的香港，满目疮痍，到处皆是破壁残垣。

一家酱料罐头公司的总经理黄笃修，忐忑不安地去找英军派驻香港的官员。在这个物资奇缺的时期，这家酱料公司所需的原材料黄豆和马口铁，都得特批才能拿到。

百废待兴，英国人自然是要摆出一副日理万机的姿态，外面挡门的洋人正准备不耐烦地打发他走。这时，里边有个"洋大人"突然发话了："是不是淘大公司的人？赶紧让他进来！"

黄笃修虽然一脸蒙，但还是急忙走了进去。面前的这位洋大人笑容满面，和蔼可亲，对公司所需的特批手续一律大开绿灯。这下可让黄笃修有些摸不着头脑了，事情办得也太过顺利了吧！

这位"洋大人"也看出了他的疑惑，哈哈一笑，说："我给你讲个故事吧！"

1941年，日本人占领香港后，这位英国人跟着大批英国官兵被关进了集中营，他被日本人指派给大家分配食品。日本人盛气凌人，瞧不上香港生产的食品，就把一批肉酱罐头丢给了俘虏。没想到，这些罐头的好吃程度出乎了英国人的预料。它们不仅维系了这些英国人的生命，还成为他们在集中营难得的"幸福味道记忆"。而让这些英国人念念不忘的肉酱罐头的生产商，正是淘大公司。

所以，当这位大难不死的"洋大人"，一听说是淘大公司的事情时，马上勾起了自己在集中营发生的"舌尖上的故事"，也竭尽所能地给了淘大公司最大程度的支持。

正因如此，淘大公司一下子成了当时香港罐头食品供应的"孤门独市"。

几年后的圣诞节前，这位"洋大人"找到淘大公司，有些不好意思地说，现在英国经济还没恢复，今年冬天特别冷，能不能请他们帮一帮缺衣少食的英国人民？黄笃修二话不说，投桃报李，马上安排捐献几万箱罐头给英国。

很快，他们收到了数百封英国人民寄来的感谢信。而淘大公司这次的善意之举，一点都不亏，他们的品牌在英国变得家喻户晓，他们的产品随后畅销欧洲，订单源源不断。"淘大"也因此成为中国最早走向世界的国际著名品牌。

1955年，由淘大公司衍生出来的新加坡和马来西亚的两家公司，联手在澳大利亚悉尼购置了一幢商业大厦，并将其命名为"Kusu"（即鼓屿）。而由淘大公司衍生出来的所有公司，其厂名和徽标都会写上"Amoy"（厦门）。饮水思源，原来这个大名鼎鼎的淘大公司最初是在鼓浪屿成立的，其创始人正是鼓浪屿人交口称赞的乡绅耆宿——黄廷元。

黄廷元出生于同安马巷镇（今属厦门市翔安区），1862年随祖母纪氏移居厦门。幼时家贫，仅读了两年私塾便辍学去做学徒打工糊口。但他不甘平庸无为，自求上进，白天工作，晚上自学，一有闲暇，手不释

黄廷元（1861—1936）　　印有"AMOY"字样的淘大公司商标

卷，勤奋好学的品质和自强不息的精神让他即便身着布衣，也气宇非凡，由此得到了厦门港洪氏的赏识，并将自己的爱女嫁予他。

成家之后的黄廷元越发觉得肩上的责任重大，便决定和几个友人一起赴台学医。学成归来后，在厦门开了家诊所，以牙医起家。彼时，牙科是一门新兴行业，所以，很快黄廷元便发家致富，有了一定的财富积累。

打了个漂亮翻身仗的黄廷元，并没有故步自封，偏安一隅，而是像一个走在时代前沿的"弄潮儿"，创办实业，以求兴国；反哺乡梓，兴助办学；投身革命，救亡图存；为民立民，为国尽心，将爱国乡贤的生命宽度和广度扩展到极致。

他是实业兴国的亲践者黄廷元。

牙医起家后，黄廷元和林子达、杨子晖、廖中和、章永顺等人共同创办了淘化食品罐头公司，主要生产酱油、酱品。因最早尝试罐装食品且产品质量高，该公司生产的酱油先后在德国柏林国际博览会和巴拿马国际博览会上获得奖项，自此在海内外打出了一定的知名度。

后来，鼓浪屿人殷雪圃和郑柏年等发起组建了大同公司，其经营业务、产销产品与淘化公司相差无几，两家公司一度成为旗鼓相当的对家。但为了避免恶性商业竞争，两家公司经过友好协商，达成合作，合二为一，重组成"淘化大同食品有限公司"（英文名：Amoy Food）。自此一路高歌猛进，联手打下了一片属于"淘大"的传奇商业帝国。

除了食品业，黄廷元的商业版图还拓展到厦漳一带的自来水公司、电灯公司、福建药房等。

甲午战争后，许多有识之士为开启民智，纷纷提倡办报，宣传新思想、新文化。黄廷元也积极倡办报业，厦门最早的《博文日报》《厦门日报》《鹭江日报》《福建日日新闻》等，黄廷元都出钱出力，参与资助。

他是热心办学的教育家黄廷元。

"黄廷元小时候家里穷，书都读不起。或许正是因为小时候没钱读书，致富后，黄廷元对教育很舍得花钱。"据马巷镇的一些老人们回忆。

黄廷元热心办学，曾极力兴办教育。厦门早期的民立学校、公立小学、公立中学，他都有参与出款创办。他先后创办大同中学和厦门女子师范学校，任两校董事长，同时捐资厦门公立中学、普育学校和崇德女校。值得一提的是，"中国妇产科学的主要开拓者和奠基人"林巧稚院士、"中国现代第一位专业声乐教育家"周淑安教授，都曾在厦门女子师范学校就读。厦门大学创建初期也得到过黄廷元的慷慨襄助，多所饶益。

也许正是因为自己淋过雨，所以才要竭尽所能地为他人撑起一把伞。

他是救亡图存的先驱者黄廷元。

黄廷元还是一个社会活动家，是同盟会会员，也是厦门实业界对抗洋人压迫的各类运动的头面人物。

1900年，黄廷元与参与戊戌变法的黄乃裳结交。黄乃裳是林文庆的岳父，林文庆与孙中山是挚友，故而在戊戌变法失败后，逃亡新加坡的黄乃裳在女婿林文庆的推荐下加入了同盟会。黄乃裳知道黄廷元一直在厦门办报宣传革新，故而介绍他也加入同盟会。成为同盟会一员后，黄廷元还将自家花园开辟出来，专门建了一间平房，作为进行革命活动的秘密场所。

1911年，辛亥革命爆发后，身在南洋的黄乃裳认为机不可失，便想即刻返回闽地策划响应。他致函向黄廷元告急，黄廷元当即汇款2000银圆以示接应。同时，黄廷元与厦门同盟会的同志也在筹划光复厦门，他一方面与军界沟通，争取博得军界的同情；另一方面利用各种报纸宣传造势，形成舆论。在此期间，黄廷元又出资刊印1000册《图存篇》（即辛亥革命的启蒙读物《革命军》），一部分寄往全国各地，一部分星夜投放进各个商店，得以在市民中广为传播。一时间，厦门满城掀起一股猛烈的革命热潮。

此外，为了防止盗匪趁机作乱，黄廷元派杨子晖、洪晓春等组织保安会，日夜派人就地巡逻，以保地方安宁。

黄廷元在辛亥革命中发挥了极其重要的作用，厦门光复后，他被授予光复一等勋章，先后任厦门统制府民团部长、福建省交通司路政科长、省府高等顾问和省议会议员。

除了参加辛亥革命，黄廷元在任厦门商务总会会长期间，还积极响应当时轰轰烈烈的"反美爱国运动"，并担任"拒美约会"副主理，组织带领人员调查美货货标式样，列单公布，组织演讲宣传，发动人民抵制美货，并最终取得胜利。

1918年，为了反对英当局在海后滩强筑围墙、扩大租界，厦门57个群众团体联合组成保全海后滩公民会。在"海后滩事件"中，黄廷元为"保全海后滩公民会"首席代表、主要领导人之一，提出"抵制英货，坚持到底，誓死争回海后滩"等口号，大力呼吁各界支持，并在上海、天津等大城市奔走呼告，呼吁新闻界、学联会、福建同乡会等各社会团体人士声援，形成了声势浩大的舆论压力，最终迫使英商移走英国国旗，并拆除围墙和隘门。

除了关心天下事，黄廷元还心系"自家事"。作为鼓浪屿的一员，身处华洋杂处之地，他努力争取华人的合法权益，为民谋福。

1902年，清政府与西方列强签订了《鼓浪屿公共地界章程》，标志着鼓浪屿这座小岛正式沦为公共地界。洋人在鼓浪屿上设"领事团"为最高统治机构，下辖"工部局"和"会审公堂"。

1919年，"五四运动"后，迫于中国人民的反帝压力，"领事团"设立"华人顾问委员会"，黄廷元担任首尾两届委员。在任期间，他积极为华人争取合法权益，提出诸多对群众有利的建议，并被工部局采纳。后来，他又联合其他华董抗议洋人擅自增派洋董的行为，积极维护华董的话语权和决策权，此事经过一年六个月的"讨价还价"，最终以"领事团"接受了全部要求画上句号。

黄廷元的一生，是极其"内卷"的一生，他不曾有过一刻"躺平"和随波逐流。他爱国爱乡，敢为人先，始终奔波在救国卫民的第一线，"穷则独善其身，达则兼济天下"，正是他立身处世的完美诠释。

他的有生之年正是中国封建制度走向没落，民族资本主义兴起的年代。鸦片战争之后的旧中国，国事蜩螗，民生凋敝，外有列强侵略，虎视眈眈，内有军阀混战，一盘散沙。身处在这样一个时代下的黄廷元，并没有丧失对国家和民族的信心，而是积极投身救亡图存的变革中，身体力行地为国为民寻找出一条新的出路。

时代与民族的改变，既需要大声疾呼的人，也需要实实在在打地基的人，他们把对这片土地深沉的爱，印在了时空的记忆里。

雨季真的已经过去

让我们想想夏天吧

看看漏洞百出的黑夜是怎样的注满了星星

明朗的天气任意拉长我自信的背影

站到我的身边

站到我无以承付的淡淡忧伤的后面

你坦诚如水的目光

如剑一般

刺穿我们所有走过的地方

卢嘉锡：科学的人生是『毛估』出来的

我们常常会听到一些关于"学霸"的励志故事，比如，这样的——

在某所大学化学系的一次重要考试中，最后一道分析题把全系的学生都给难住了。出题老师是"盛名在外"的"杀手"，思路清奇、脑洞大开，判卷打分也从来不手下留情，铁面无私。

这次评卷的时候，老师发现，全系只有一个同学找到了正确的解题思路，但十分可惜的是，他在计算结果时小数点算错了一位。这位同学，平常门门功课优秀，的确是一个当之无愧的"学霸"。老师考虑了半天，给了他1/4的分数。

这位"学霸"听说全系只有自己解得出题目，不免有点沾沾自喜。但他拿到卷子的一刹那，一下子就蒙了，脑子一热，站起来大声地问："老师，这是不是太过分了，我的结果与正确答案只差那么一点……"

崇拜他的同学也纷纷力挺他。老师冷笑了一声："好，那我问你们，假如现在让你们设计一座桥梁，你们把小数点点错一位，你们觉得，结果会是什么？"

全班突然鸦雀无声。老师又转向那位"学霸"："今天我扣你3/4的分数，就是扣你把小数点放错了地方，给你敲一敲警钟！"

刚才还一脸骄傲的"学霸"，闻言有些羞愧地低下了头。

作为一个励志故事，故事的结尾是这样的——

这位"学霸"同学，正是大名鼎鼎的化学家卢嘉锡，多年以后，他成长为中国科学院院长。正是这个"小数点"的经历，激励着他在科学的道路上不断精益求精，最终成为著名的科学家。

卢嘉锡，原籍台湾台南市，甲午战争后，台湾被迫割让给日本，他的曾祖父带着全家人内迁到厦门。一路兵荒马乱，财物丢失，所以到卢嘉锡在厦门出生时，卢家已经一贫如洗。

但以教书为生的卢家祖辈，对后代的教育依然不遗余力。卢嘉锡从小就是传说中的"别人家的孩子"，13岁就考入厦门大学的预科，两年后进入厦大化学系。前面的那个故事，正是

卢嘉锡（1915—2001）

他在厦大读书时发生的，其实那会儿他还只是个十五六岁的少年。那时他一边读书，一边在中学做兼职老师维持生计，如此才得以顺利毕业。

当然，接下来就是"大神"的"开挂"时间了，22岁那年，卢嘉锡以优异的成绩获得了中英庚子赔款的公费留学名额，去往伦敦大学深造。但一坐上赴英留学的船，那些洋人就开始了冷嘲热讽，笑话他们是一群"赔款学生"。

这种国弱无尊严的耻辱，深深地刻在了年少的卢嘉锡心中。到了英国后，他开始埋头苦读，仅两年就获得了博士学位，之后便到美国加州理工学院著名化学家鲍林的手下搞研究。

他刚到加州理工学院的时候，又发生了一个后来在中国科学界口口相传的故事：当时，一位实验室的同事带着他参观，一眼看去，一群白人的中间很醒目地坐着一个黄种人。这人一抬头，见到卢嘉锡，不但没有亲切地打招呼，反而一脸不屑，又默默埋头做实验了。卢嘉锡心想，

此人长得矮矮胖胖，一看就是个日本人。于是，他也扭头就走，根本不想跟他打招呼。那天晚上，正好有一个中国留学生的聚会。咦，怎么又看到了这个人？他问旁边的同学：那人是中国人吗？结果，旁边的人很诧异，反问他："咦，你居然不知道他是谁？"原来，这个人正是钱学森。

多年以后，有人拿此事问钱学森："卢嘉锡不认得你，你怎么也不和他打招呼？"

结果钱学森哈哈大笑，说："当时，我觉得他长得白白胖胖的，一看就是个日本人！"

两个身在异国他乡的未来中国科学界大拿，就以这样另类的方式认识了。后来，他们成了一生的挚友，在各自的领域里，为他们的祖国，也为全世界，

青年卢嘉锡

贡献了大量的科学成果。他们见证了中国从积贫积弱，被人耻笑的"赔款大国"，一步步走向国富民强。

卢嘉锡在伦敦大学的毕业论文，使他成为在人造放射性领域内，首次成功分离出放射性高浓缩物的化学家；在加州理工学院，由他设计的"卢氏图表"，被载入国际X射线晶体学手册；1945年，他获得美国科学研究与发展局颁发的"科学研究与发展成就奖"，因为他在燃烧与爆炸的研究中做出了突出的贡献，这对于终结那场蔓延全世界的战争也是一种看不见的贡献，而这一年，他正好30岁……

化学名词或许拗口难记，但科学家爱国的故事，我们却不能不知。

正是在卢嘉锡30岁这一年，长达多年的抗战结束，心怀"科学救国"

心愿的卢嘉锡迫不及待地回到了急需科技人才的祖国的怀抱中，回到了他的母校厦门大学。

在他的努力下，厦门大学不再仅因王亚南校长创办的经济系而闻名，更因为化学系的崛起而跻身全国重点大学之列。

这仍然是一个励志又漫长的故事，当我们试着去了解一个科学家的全部时，却发现，这绝无可能，只能退而求其次，从零碎的片段中，窥知一二。

比如，刚回国的时候，他给自己的老师鲍林写信说："您一定不会相信，我现在的工资是多少，换算成美元的话，仅仅不到五美元。"而他回国之前，在美国每月的工资加补贴就多达几百美元。

又比如，他需要靠给杂志社投稿来换取多一些的收入，可是稿费单上的"永久地址"这一栏总是空着的，因为家里的房子是租的，没有固定住址可以填；在最艰难的时刻，他的妻子甚至要将结婚时的金戒指卖掉，换钱买米……

然而，就是这样一位世界顶尖的科学家，也免不了在"十年浩劫"中被打成"走资派"，下放到实验室洗烧杯、搬设备、搞卫生、洗厕所……

后来，卢嘉锡常常跟别人说，在做这些"粗活"的过程里，他培养了自己研究和生活的一种方法，叫作"毛估"，就是在得出正式结论之前，先要大致估计一下。事实上，这种方法从当年的"小数点事件"开始，便一直伴随着他。

科学上的"毛估"除了需要非凡的想象力外，更需要扎实的基础知识和丰富的科研经验，以及善于把握内在规律的睿智头脑；而在生活上，科学家通常会觉得差不多估计一下就行了，他们对生活的要求，远远赶不上对实验室结果那般"吹毛求疵"。

后来，被学生追问得多了，他干脆用化学家的方式，给了他们一个关于"毛估"的化学结构式。这个结构式是——C_3H_3，有3个C，3个H。它们是：Clear Head（清楚的头脑），Clever Hands（灵巧的双手），Clean Habit（洁净的习惯）。

鼓浪屿宁远楼

鼓浪屿的宁远楼，是卢嘉锡生活多年的地方。这里的涛声能让人的头脑时刻保持清醒，这里也是一个灵巧且洁净的岛屿。或许，从这里开始，就埋下了大化学家卢嘉锡"C_3H_3成功秘籍"的伏笔。

你徐行如前

她平静不言

冬季

风雨通话

懂了彼此

窗口鲜花开满了天

50 周辨明：将短板进阶成绝学的大语言家

假如你穿越回1937年7月的厦门大学，在这个沧海横流的年代，有一个好消息和一个坏消息同时传来，你会想先听哪一个？

彼时，身为厦门大学教务长的周辨明，先收到的是好消息——他所在的这所南方大学正式改为国立大学，而从国外赶回来赴任的新校长，正是自己在清华大学执教时的学生萨本栋。可以和志同道合的人一起共事，这着实令人喜出望外。

但坏消息也接踵而至，7月7日，卢沟桥事变，日本人发动了全面侵华战争。八闽大地，即将暴露在日本炮舰射程之内，这所风景优美的海滨大学首当其冲，哪里还能容得下一张安静的书桌？

这时，人地两生的萨本栋校长显得有些焦虑，而这种情绪，也只有在他这位昔日的授业恩师面前才会稍有显露。本来，他们商量的第一个方案，是把学校先迁到鼓浪屿避难，这里是周辨明出生的地方，也是万国领事馆驻地，日本人不敢轻易开火。但显然，这并不是一个上上之选。

"周先生，你的看法呢？"萨校长按照厦门的习惯，给周辨明倒了一杯茶，他似乎看出来了，周先生的脸上好像已经写了

周辨明（1891 — 1984）

一个答案。毕竟,对于厦门、对于福建,周先生比他熟悉得多。

周辨明果然胸有成竹,他看着萨校长的眼睛,斩钉截铁地说了两个字:"长汀。"

哦?长汀!这是福建西部的山区啊。萨校长知道,周先生说得这么肯定,必是经过周密的思考。他也有所耳闻,周家是鼓浪屿上的世家,周先生的父亲周之德是岛上有名的牧师,据说几十年前就开始在长汀各处传教了。

萨本栋(1902—1949)

接着,周辨明告诉萨校长,长汀这座古城处于闽粤赣三省交界处,一来方便迁移,学校隐藏于大山之中,一时半会儿炮火打不过来;二来这里文化底蕴深厚,许多文化设施资源皆可利用,作为临时校舍应该不成问题。

萨校长深知周先生向来严谨周全,必是经过深思熟虑才会提议,便当下拍板,有劳周先生带队先奔长汀沟通和选址。尽管此时的福建省政府自顾不暇,只象征性地拨付了500大洋权当支持,但周辨明顺利争取到福建省第七行署的房屋作为校舍,厦大迁址长汀的动作迅速开启。

这一年的年底,厦大的300多名师生有如苦行僧一般,拖着沉重的书籍和行李,越过崇山峻岭,一路风餐露宿,徒步近一个月才抵达长汀。

校舍虽然有了,却只能因陋就简,但在萨本栋、周辨明等人的带领下,师生同心,自己动手修建各种设施,甚至兼职糊口。"筚路蓝缕,以启山林",厦大师生竟然一点点修建起占地达150亩[①]的毗连校区,学生

---

① 1亩约为666.67平方米。

286

达到1000多人。这段自救历史，在那个动荡的年代，堪称奇迹。

后来，周辨明曾在一篇文章里回忆道："从十里洋场的厦门，到七闽穷僻的长汀，从雕栏石砌的高楼大厦，到画栋剥落的破败庙宇，从贵族到平民，从繁华到朴素；这期间，转变得太惊人了。不过这一转变，对于重生的厦大，却是十分有利的，这种经验，可以说是有钱没处买的。"

抗战期间，中国最著名的学校内迁，当属清华、北大、南开在战时合并的"西南联大"，而厦大的长汀时期，也是中国近代教育史上的另一个传奇。

萨本栋与师生、来宾在长汀文庙大礼堂前合影（摄于1938年4月6日）

然而，虽然有周辨明等人的全力支持，萨本栋校长仍不免殚精竭虑，身体每况愈下，在抗战胜利的前一年，便提交了辞呈。

送行会上，厦大师生上台，为他演唱了一首告别歌，周辨明亲自上台指挥合唱。这居然是一首英文歌，反复出现的歌词是："Susan, bring your husband back！"Susan是萨本栋夫人黄淑慎的英文名——Susan，请记得带你的丈夫回来呀！

一唱三叹，泪水早已模糊了萨校长的双眼，他知道，周先生最懂他；

他知道，这首歌是周先生亲自写的原创歌曲。那一瞬间，他想起多年前，他跟着周先生学习英语的往事，当时，同学们说，周先生的英文，说得可比伦敦人还要好！

没错，这就是鼓浪屿人的个性。当东方和西方最具开创性的文化，在这座岛屿碰撞交融时，因缘际会下，岛上的人们迸发的，是对自身价值最大的期盼和热爱，在时代的舞台上，尽情展现自己的能量。

周辨明是典型的鼓浪屿世家子弟，家教森严，学贯中外，说得一口纯正优美的英语。早年间从上海圣约翰大学毕业后，不久就执教于清华大学，萨本栋正是他那时候的学生。但谁都没想到，过了几年，周辨明居然做了个出人意料的决定——远赴哈佛大学转攻数学。

这也就罢了，来到厦大任教几年后，他又再次改弦易辙，前往德国汉堡大学攻读语言学，并获得博士学位。

据说，他念大学的时候，英文虽然很溜，但他只要说中文，旁边的人就开始笑。原来，他的中文有浓重的闽南腔，乍一听，让人有些云里雾里。别人笑得多了，周辨明干脆幽默化解，假装摆出严肃的姿态说：我这个，叫作"厦语"，是你们不懂啦！

幽默归幽默，当周辨明将他苦心钻研的这几门"基础学科"融会贯通，接下来，就是见证"至高武学"登峰造极后"开宗立派"的时刻了。

他以自己最为熟悉的闽南语作为突破口，用西方科学而先进的语言学方法，对汉语的音韵、声调展开了精深细致的研究。他的博士论文《厦语音韵声调之构造与性质》，成为中国近代语言学的经典学术成果，对闽南语的方言研究产生了深远影响。

与此同时，他也成为中国推动国语罗马字运动的主将之一。所谓国语罗马字，就是用26个拉丁字母表示汉语的声、韵、调。

现在，我们从启蒙之时起，就开始学习汉语拼音了，"a、o、e、i、u、

ü……"信手拈来，可在百年前，由"五四运动"引发的诸多议题之中，甚至有用拉丁字母代替汉字的提议，还得到了当时不少学界权威人士的认同和倡导，差点将中国几千年流传下来的汉字、汉语带入死胡同。

1922年，周辨明发表了《中华国语音母和注声的刍议》，第二年，又发表了《中华国语音声字制》，提出了用罗马字拼音的方式，并在厦门大学积极推行汉语罗马字化。后来，他又与大名鼎鼎的刘半农、林语堂、赵元任、汪怡、钱玄同、黎锦熙六人，组成以研究国语罗马字为中心的"数人会"，还被当时的人们戏称为"竹林七贤"。

周辨明之举可谓"曲线救国"，他和那些有远见卓识的语言学者们，一起助力汉语的推广。保留汉语本体，用罗马注音，让其更加好念、好学，便于推广普及。说起来，他居然将自己曾经最大的口音短板，进阶成了一种独特的语言学方法，且功在当代，利在千秋。

"欲要亡其国，必先亡其史，欲灭其族，必先灭其文化"，或许，如周

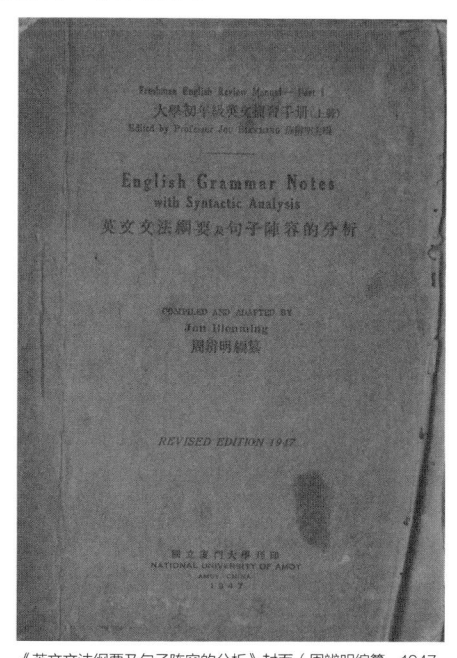

《英文文法纲要及句子阵容的分析》封面（周辨明编纂，1947年刊印）

辨明一般的众多语言学者，在那个国家生死存亡的危难之际，并没有选择像战士那样扛着枪，用血肉筑起新的长城，但他们所做的事情也同样意义深远。

一根银亮的针

掉进你敏感的心坎

没有声响

一泡孤寂的茶

倒入干渴的礁石

没有声响

郭春秧：一代『糖王』叱咤茶海的传奇人生

"不管厦门给了世界其他什么，它赋予英文的两个单词'Tea''Amoy'，足以使这个地方万古流芳。"1910年，美国归正会传教士毕腓力如是写道。

在欧洲各国的语言中，有不少词汇源于汉语，其中，茶的英文"tea"或"tee"是源自厦门方言"茶"（te）的音译。

1689年（清康熙二十八年），150担中国茶从厦门港发运英国，开启中英茶叶直接贸易的先河。鸦片战争后，作为五口通商口岸之一的厦门港更是因为茶贸易而越发繁荣熙攘，从此"厦门茶"开始享誉欧洲，乃至全球。

厦门港（铜版画，绘于1843年）

20世纪初，随着厦门茶出口贸易的繁荣昌盛，无数茶庄和茶行如雨后春笋般冒出，一时间，厦门岛成为全国茶产业最密集之地，集茶叶的收购、加工、运销等于一体的完整产业链在此形成。

据相关资料记载，抗战前，厦门颇具规模的茶叶商行就有三四十家，茶店和小摊贩更是多如牛毛，其中，名气最大的当数"林奇苑""尧阳""张源美""杨文圃""锦祥"等茶行。而锦祥茶行不仅是厦门茶产业中的翘楚，其所属公司在台湾茶出口贸易中更是占据三分天下。

锦祥茶行的所有者正是当时鼓浪屿上的一位巨富郭春秧。

郭春秧，又名祯祥，1859年出生于同安县角美乡寮东社（今属漳州市角美镇）。幼时家贫，父亲郭河北早逝，郭春秧由祖母许氏抚育成人，只读了几年书便因贫困辍学。16岁时，郭春秧跟随下南洋的大潮前往爪哇（即现在的印度尼西亚），去投靠早年下南洋的伯父郭河东。

郭春秧（1859—1935）

身处异域他乡，又没有什么谋生的本领，郭春秧只能在伯父郭河东的制糖厂做学徒，从最基础的做起。正是这期间对制糖行业的摸索和学习，为他日后成为叱咤风云的糖业大佬奠定了基础。

聪明勤奋又踏实肯干的郭春秧很快便展现出非凡的经商头脑，30岁时，他已经是伯父最得力的左膀右臂了。

1894年，郭春秧和自己的堂兄弟郭洪森等人，一同成立了郭河东股份有限公司，行号为"锦茂行"，主要经营茶、米、糖等物产的出口业务。

1895年，郭春秧在接任了糖厂经理后，积极拓展糖蔗种植面积，扩建制糖厂，购进先进制糖设备。短短几年内，就收购了所有股份，成为糖厂的掌舵人。

然而，好景不长，第一次世界大战爆发，糖价也随之暴跌，整个市场陷入一片混乱之中。但有着远见卓识的郭春秧十分沉稳，他笃定地认为，战争结束后，糖价一定会回升，故而行常人所不敢行之事，运筹布局，以期来日。

事实证明，他是个有胆识、有魄力、能敏锐嗅到商机的商人。也正是因为抓住了这个机遇，郭春秧一跃跻身印度尼西亚四大糖王之列。四大糖王分别是建源公司的黄仲涵，郭春秧名列第二，第三是盛隆公司的张永福，第四是"日兴行"的黄奕住。1913年，黄奕住已拥有资产300万～500万盾，由此可想见，名列"糖王第二"的郭春秧当时积累了多大的资本。

在印度尼西亚打出一片商业帝国之后，郭春秧又将商业版图扩张至台湾。本想继续做制糖产业，但当时台湾已经沦陷，糖产业被日本人彻底垄断。

雄心勃勃的郭春秧不甘心就这样铩羽而归，转而将目光投向了台湾茶。

虽然当时欧美洋行已经将台湾质量最好的乌龙茶进行收购经销，但十分有商业眼光的郭春秧选择另辟蹊径，将重心放到了"包种茶"（与冻顶乌龙茶并称为台湾两大名茶）上。

因为经过他观察发现，当时的乌龙茶田主要集中在台湾中部。郭春秧先是邀请了不少华侨巨贾和闽商一同前往大稻埕发展，合众人之力，鼓励台湾北部农民也种茶，但是要种包种茶，从产品上与欧美垄断的乌龙茶作区隔，避免了正面交锋。后又联合板桥林家的新高银行，向台湾茶商提供资金，保证资金链的稳定。

包种茶一经上市，广受市场欢迎，郭春秧乘胜追击，将包种茶引进印度尼西亚，竟也热销而空。由此，郭春秧开始在大稻埕设立茶厂，并创办台北茶商公会，亲自担任第一任会长。据相关记载，当时台北县每年出口茶叶20万箱，郭春秧就占了7万多箱，堪称占了三分天下。

1900年，郭春秧携带乌龙茶登上了巴黎万国博览会的国际舞台，一举获得茶叶金奖，轰动海内外。在展会上，郭春秧还设置了台湾契茶店，率先创立具有特色的行销方式。此后，郭春秧带领台湾茶叶界同行夺得多项国际茶叶大奖，台湾茶也因此高居晚清三大外销产业之首，并迅速造就了大稻埕惊人的财富。时至今日，台湾最大的财团，依然是靠茶叶发家的。

郭春秧在南洋大展宏图之际，仍不忘回馈桑梓，建设家乡。

1909年，郭春秧与兄弟在故乡设立广种植公司，第二年投资40万银圆开办华祥糖业公司，启用当时世界最先进的设备，这是福建第一家制糖企业，也是当时中国制糖业的领军力量之一。

1919年，郭春秧到厦门开设了"大通行"和"锦祥茶行"，主要投资房地产和做茶叶出口业务。他先是在鼓浪屿的日光岩南麓半山上购地建造"郭春秧别墅"（现晃岩路70号），继而在黄家渡附近建了一条"锦祥街"，这一墅一街，至今犹在。

鼓浪屿上的郭春秧别墅

1926年3月15日，南洋闽侨救乡会第一次大会在鼓浪屿召开，郭春秧派出私人代表傅维湘出席；在第二次大会上，郭春秧的代表建议尽快修建漳（州）厦（门）铁路，并在火车终点站嵩屿兴建模范村。

或许是因为自己早早辍学，漂流海外，郭春秧尤其关心家乡的教育事业和福利事业。他出资在家乡同安寮东社捐建锦湖小学，学生免学费并提供学习用品。彼时，同安六甲一带水利失修，旱涝灾害频繁，农作物歉收，百姓苦不堪言，郭春秧又捐巨资，在家乡创办慈善事业，定名为"嵩江孔圣大道会"，采取定期资助和临时资助两种形式，竭力帮助乡民，造福乡里。

1920年开始，郭春秧又将商业版图扩张到香港，相继创办了祯祥公司、祯祥地产公司。他投入巨资，在香港北角填海建店铺300间，开辟一条新街，这条街后被命名为"春秧街"，成为闽南华侨涉足香港房地产业的先导。

其实早在1876年，他就将事业布局到了香港，发展的地方是香港岛的北角，建了个爪哇运糖码头，还有爪哇轮船公司，而这里的马路，就叫爪哇道，即后来的"渣华道"。

郭春秧原本计划在香港北角填海造地，开建糖厂，但是，没过多久，因为香港劳工受不了英国资方的压迫，群起罢工，连带着郭春秧的填海计划受到影响。庞大的资金压力，终于让郭春秧不堪重负，虽然咬牙苦撑完成了填海，但是港口和精制糖厂的建设还是成为泡影。

郭春秧一生逐浪商海，所到之处，几乎都能创造一段商业神话，但在香港的投资失利对他造成了很大的打击。

郭春秧在印度尼西亚、新加坡、中国台湾、中国香港都有产业和居所，甚至杭州最大的园林郭庄至今仍保留着他生活过的印迹，但对郭春秧来说，在这些地方都是"旅居"，唯有闽地，才是他的归属。故而在香

郭春秧与家人的合影

港投资失意后的他回到了鼓浪屿，之后，他逐步将事业交予长子郭双蛟。

然而天有不测风云，1928年，郭双蛟因病骤逝于爪哇三宝垄。与此同时，郭春秧饱受眼疾之苦，长子的突然离世让他备受打击，但不得不复出撑起大局。

1929年开始，糖价再度暴跌，郭春秧的商业版图，除了台湾包种茶的贸易尚有盈余外，其他都处于亏损的状态。多重打击之下，郭春秧在印度尼西亚的公司破产，他也在1935年永远倒下了。

一代糖王传奇的一生，就这样画上了句号。成也"糖"，败也"糖"，在他七十六载的光阴中，或许是吃过常人难以想象的苦，所以才能登上他人无法企及的顶峰。只是，这一切，终究在风云变幻的时代浪潮中，裹挟着他的不甘一同退场。

但历史留下来的痕迹仍处处可见。即便郭春秧早已离去近百年，但香港的"春秧街"、鼓浪屿的"锦祥路"依旧人潮汹涌。或许，偶尔也会有人问起为什么这条街叫"春秧街"吧！

我愿撕碎一张白纸
纷纷扬扬
像撕开我的心

我会站到窗前
静静地望着它们
像雪一样地飘落
像白雪一样地飘落

从周寿恺到钟南山：时代的"逆行者"

2020年的春节前夕，一场由"新型冠状病毒"引发的肺炎疫情席卷整个中国。

本应欢喜热闹的团圆年，因这场突如其来的疫情而被打乱，"静默"和"暂停"成了常态，"宅"在家里，成了全体中国人共同的生活方式。

在疫情笼罩的阴影之下，有一个名字，几乎成了所有中国人的"定心丸"。

他是一个"逆行者"。2003年，"非典"肆虐时，他挺身而出，说："把最危重的病人送到我这里来！"

2020年1月的那个深夜，他疲倦地睡在动车的餐车上，向着人们谈之色变的"疫区"武汉进发。几天后，这位一直在前线战斗、与病毒较量了一辈子的老人，对着采访的镜头流下了热泪，说："劲头上来了，很多东西都能解决，大家全国帮忙，武汉是能够过关的。武汉本来就是一座很英雄的城市。"

没错，大家都知道他的名字——钟南山。

在那个特殊的时期，民间流传着一句话：今天不能动，明天不能动，后天也不能动……什么时候能动，钟南山说动，才能动！

《人民日报》这样评价他："84岁的钟南山，有院士的专业，有战士的勇猛，更有国士的担当。"

国士无双，在国有危难之际，虽千万人吾往矣。在一个越发浮躁的年代，当人们不得不静静地坐在家里，可以有更多的时间思考时，他们或许会认真地想一想——

是什么，让钟南山成为"钟南山"？

很快，人们从网络上了解到，说得一口流利广东话的钟南山，祖籍却是福建厦门。他的父母都是地地道道的鼓浪屿人：父亲钟世藩，毕业于北京协和医学院，是一代儿科名医；母亲廖月琴，是鼓浪屿名门廖家的女儿，曾经被当时的卫生署派到美国学习高级护理，后来成为广东省肿瘤医院的创始人之一。

在钟南山还是小孩的时候，他的父亲有一个至交好友，经常给他讲故事，教他医学知识；在他长大以后赴广东求学之时，这个人，又成为他的授业恩师。

2006年，这位恩师曾经所在的中山大学医学院，为他的一百周年诞辰举办了一个纪念会，已经身为中国工程院院士的钟南山特意从北京赶过来参加。他凝望着恩师的塑像，说："我最难忘的，就是他的博学、宽容和爱国情怀，他是一个好朋友般可亲可敬的长者，一个为人处世的榜样和老师。"

这一刻，硬汉钟南山也饱含热泪。

他的这位恩师，名字叫作周寿恺。在我们曾经讲过的时光故事里，他是鼓浪屿鼎鼎大名的首富黄奕住的女婿，他的太太黄萱，正是国学大

周寿恺（1906—1970） 周寿恺和黄萱的结婚照

家陈寅恪的得力助手。

鼓浪屿上的世家有着千丝万缕的交集,而他们的同频共振,在中国百余年的近现代史上,写下的,是至今还在脉动的情感与情怀。

让我们穿过岁月的烟尘,一起再去看一看。

1937年,那是中国历史上一个艰难的年份,全面抗战爆发,国难当头。

这一年,已经成为北京协和医学院主治医生的名医周寿恺,做出了一个重要的决定,他要暂时离开协和医学院,到抗战的第一线去,为打鬼子的前线战士提供医疗救助。他的太太黄萱,一个人们眼中锦衣玉食的富家千金,却对他这个"危险的决定"无条件支持,并且愿意跟他一起去前线。

正如几十年以后,自己的弟子钟南山一样,在最危险的时候,周寿恺选择了做一个"逆行者"。

就这样,他跟着抗战部队,转战湖南、湖北、江苏、四川等地,担任了中国红十字救护总队内科指导员、第二医疗队副队长,战时卫生人员训练所内科主任,在炮火纷飞中,救死扶伤,一路到了贵州图云关。

然而,日军的铁蹄也很快踏进了贵阳。因为担心贵阳不保,政府命令战时卫生人员训练所暂时撤往重庆。一辆辆坐满了家属、装满了行李的汽车,准备开往重庆方向。

车队刚准备开拔,有一个在贵阳教书的教授,带着一帮人气喘吁吁地赶到了,这里面,除了他的妻子儿女,还有年纪已经很大的母亲和岳母。可是,所有的车都已经坐满了,这一大家子人眼看就要被大部队给抛下了!

"等等!"几乎是同时,一对夫妻制止住了车子的发动,又几乎同时跳下车,把教授一家扶上车子,示意他们先走。这对夫妻,正是周寿恺和黄萱。他们选择了自己走路,在完全与汽车不能相比的步速中一步一步走到了重庆。

抗战胜利后,周寿恺出任上海国防医学院教授、少将军医、内科主任兼教育长。

上海解放前,他所在的医学院准备迁往台湾,周寿恺被派去台湾选址后,又借口处理搬迁善后事宜返回大陆,想方设法地回到厦门家中。医学院那边多次派人来找他,催他去台湾,说:"你全家的飞机票都已经买好,赶紧飞过去!"

但周寿恺决心已定,他爱自己的祖国,他要留在祖国大陆,最后,连送机票的人也被他说动,留了下来。

然而,这位在战争以及和平时期医治和救助过无数病人的一代名医,却在"文化大革命"期间蒙冤而死。病重之时,他的夫人黄萱还在干校劳动改造,没有办法陪心爱的丈夫走完人生的最后一程。

与鼓浪屿有关的人们,总有着神奇的交集。周寿恺在抗战期间所参加的中国红十字救护总队,队长叫作林可胜,他的父亲正是曾经担任厦门大学校长的鼓浪屿笔山路5号别墅主人林文庆。

20世纪30年代,林可胜已经因在生命科学领域的成就享誉世界,且担任了中华医学会会长。全面抗战爆发后,他领导中国医疗系统投身抗日救亡,主持了中国战时最大的医学中心,创建了中国军队救护系统,还亲自上缅甸前线进行救护工作。1943年,他获得罗斯福总统授予的荣誉勋章,1946年获得自由勋章,被称为"中国生命科学之父"。

近代以来,鼓浪屿,以历史和时代共同造就的中西交融的气场,孕育了一代又一代的传奇。

在相同或错开的时空中,从林可胜,到周寿恺,再到钟南山;从为了救助传染病人而患病离世的郁约翰牧师,到终身未嫁却接生无数的

"万婴之母"林巧稚;当鲁迅漫步岛上思考着以笔唤醒国人时,林语堂在思考着他的《吾国吾民》与《京华烟云》;当弘一法师带着"悲欣交集"的人生大悟翩然而去时,颜宝玲用夜莺般的歌声歌唱生活的美丽与悲怆……

他们,都是各自年代的"逆行者"。他们用自己深沉的爱,迎向时代,迎向人性,迎向对美好生活的期盼,留给我们这样一座神奇的岛屿,等待我们在天风海涛中感悟,在潮起潮落间继续书写。

让我们靠着海边站在一起
让我们靠着海边站成琴键飞扬的故事

什么时候天开始下雨
我们都不想
走出雨季

53 海天堂构里的『虫洞』：面朝大海的故事发生场

1898年10月20日，一株从杰纳勒尔·李（美国南北战争英雄）的纪念碑上生长出的常春藤，被种植在了厦门（鼓浪屿）洋人俱乐部所在的花园里，当天下午，常驻厦门的美国居民在与此相邻的岩石上，竖起了一块青铜纪念碑，上面写道："这株常春藤来自杰纳勒尔·李的墓碑，并被副领事卡林顿于1898年种植于此。"

1840年，鸦片战争拉开了中国近代史的帷幕。随着中英《南京条约》的签订，厦门与广州、福州、宁波、上海作为五个通商口岸对外开放。紧接着，西方各国的传教士、领事馆职员、商人等各行业人员纷至沓来。至1949年之前，这座面积约1.8平方千米（那时应当面积更小）的小岛上，设有13个国家的驻厦领事馆。

一时间，本土传统文化和近现代西方文化、移民文化等诸多元素汇聚小岛，不同的休闲娱乐方式等也在此交融和碰撞。

"若论居住，厦门远没有鼓浪屿惬意……微风从四面八方吹来，鼓浪屿要比中国其他港口更有益于健康……鼓浪屿因有一座俱乐部而自豪，它是一个令人艳羡的机构，主要由居民出资建造。"

在鼓浪屿第一位专职摄影师——英国人朱利安·休·爱德华兹于1896年发表的《厦门地理通述》（*Amoy: General Geographical Description*）一文中，提到的这个"俱乐部"，正是厦门国际联合俱乐部（AMOY CLUB）。

1876年，洋人在鼓浪屿修建了厦门国际联合俱乐部（AMOY CLUB），是供当时鼓浪屿上的外国人及华人显贵、

厦门国际联合俱乐部（AMOY CLUB）旧影　　虫洞书店现状

洋行高级华人雇员等娱乐交际的场所，内设舞厅、酒吧、台球室、保龄球馆、外文书籍阅览室与交际厅等。

这是一幢一层半式的殖民地外廊式风格建筑，最显著的特征是建筑立面上有连续的半圆拱券造型，上面一楼为主要的活动空间，下面半层为防潮层。这种风格的建筑，在鼓浪屿现存的老别墅中十分常见。值得一提的是，这栋始建于1876年的建筑如今依然可以看到，正是位于鼓浪屿福建路34号的海天堂构南楼。

20世纪初，一股海外华侨回国兴办实业以报效祖国的热潮兴起，大批闽籍华侨精英返乡创业。因着地理区位、市政设施、环境景观等各种优势，鼓浪屿成为他们的首选定居地。于是，他们在鼓浪屿上大兴土木，以另一种方式"扬眉吐气"。在此之前，鼓浪屿上的建筑大多是传统闽南古厝和殖民地外廊式风格建筑。

1921年，菲律宾华侨黄秀烺和同乡黄念忆购得原厦门国际联合俱乐部（AMOY CLUB）所在地块，在原址上修建海天堂构。海天堂构占地面积达6500平方米，按照中轴线对称分布着五幢三层式楼房，其中最惊艳的是中楼。

黄秀烺将中楼建造成了一幢仿古大屋顶宫殿式建筑，采用中国传统的重檐歇山顶，四角高高翘起。在所有的门、窗、廊、厅的楣上装饰了

305

1 海天堂构鸟瞰图
2 海天堂构现貌
3 海天堂构中楼

水泥透雕飞罩，又以缠枝花卉或水蛟龙装饰檐角，而挑梁雀替均塑龙凤挂落，将中国传统宫殿式风格和西式建筑风格巧妙结合。

海天堂构中楼堪称鼓浪屿中西合璧的代表性建筑，整体风格呈现厦门装饰风格（Amoy Deco）中西融合的折中。有着"是宫非宫胜似宫，亦殿非殿赛过殿，不中不洋不寻常，中西结合更耐看"的美誉，也有人简而化之地称其为"穿西装，戴斗笠"。

《厦门方志》中有言："华侨在海外受到欺凌，因而在建造房屋时产生了一种极为奇怪的念头，将中国式屋顶盖在西洋建筑上，以此来舒畅他们饱受压抑的心情。"

海天堂构的建造者黄秀烺，1859年（清咸丰九年）出生于福建晋江，年轻的时候从闽南到菲律宾谋生，从一个记账员做起。因为为人敦厚、做事又踏实勤勉，得到一个华侨商人的赏识，给他提供资金支持，之后他一路打拼，成为当时的菲律宾华侨巨富。

黄秀烺回国后定居在鼓浪屿，在厦门开设了一家"炳记"商行，信誉卓越，获利颇丰。他急公好义，博施济众，积极参与社会公益事业，不仅资助孙中山领导的辛亥革命,还捐巨资修葺泉州西塔、厦门同文书院、檗谷黄氏大宗祠,营建厦门码头等。

安海地区的封建械斗由来已久,黄秀烺出资调解,又出面解决深沪与梅林港的海事纠纷,发动华侨筹建漳厦铁路,可谓仗义重情、造福一方。民国初年,孙中山曾对其题赠"热心公益"匾额,黎元洪曾颁赠其"嘉禾勋章",并赠其"急公好义"匾额。

与白手起家的黄秀烺不同,海天堂构的另一位建造者黄念忆(1877—1970),是个名副其实的"富二代",其父黄永摺与叔父黄永遮于19世纪60年代旅居菲律宾,并于1881年创办了黄联兴铁业有限公司。

黄念忆在父亲的铁业公司中从学徒做起,一直做到总经理,因为经营有方,生意做得越来越大。黄念忆颇具投资眼光,善于捕捉商机,相继在美国投资锌板厂,在厦门投资电厂、自来水厂,并在鼓浪屿建置房产多幢,其业务发展之迅速、经营范围之广泛,着实令人赞叹,被称为马尼拉的"铁业大王"。

黄念忆亦乐善好施,积极为华侨社会谋福利,曾担任华侨善举公所、华侨教育会、中兴银行董事,马尼拉中华商会第二十五届副会长以及金埭小学校董会董事长等职务。他心系桑梓的教育事业,发动华侨捐款,支持家乡办学。

黄秀烺和黄念忆虽然背景不同,但性情相投,建海天堂构为二人合力,黄秀烺拥有包括主楼在内的三幢,另外两幢则归黄念忆所有。福建路36号的仰高别墅是黄念忆的,别墅中还有一副对联"千顷汪波怀祖德,三迁卜宅识芳邻",敦亲睦邻,不外如是了。

2016年,新格文化集团旗下的晓学堂文化虫洞公司获得海天堂构南楼的经营权。在进行建筑改造装修时,最大程度保护原貌,精心保留这栋

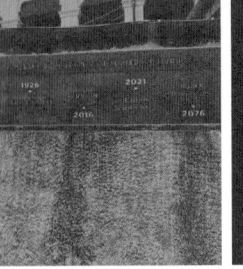

虫洞1876历史脉络时间线　　　　　　　虫洞书店／虫洞1876空间

近150年历史的老别墅里的892块花砖、34扇窗以及12扇门，精美的门梁雕花、流光的彩色琉璃，让人们能随处感受扑面而来穿过时间围墙的风。

自虫洞书店正式开放之时起，这栋穿越时空的"虫洞"便开始作为鼓浪屿文化艺术试验场，在这里发生充满想象力的、与世界连接的艺术实践。

阅读，生命中最美好的遇见。晓学堂文化虫洞以起源于1876年的这栋老建筑为载体，从大量与鼓浪屿文化相关的史料和书籍入手，编辑出版了一系列关于鼓浪屿的书籍——《鼓浪屿事典》《白描厦门》《素描鼓浪屿》《啊！鼓浪》等，并且持续收集关于鼓浪屿、厦门的在地文化书籍文本，汇聚成鼓浪屿文史文本馆。阅读的载体不止于纸本，结合现代新媒体方式，虫洞编辑制作了鼓浪屿53个爱的故事音频产品，用"听"的方式遇见鼓浪屿53位历史名人；以多媒体科技艺术为载体，虫洞将鼓浪屿的历史人文故事设计成十余件科技艺术互动装置，用生动的交互方式感受鼓浪屿历久弥新的"爱"的故事。

驻地艺术，重新连接世界的通道。自2016年起，虫洞连续多年举办"鼓浪屿国际艺术驻留"项目，将鼓浪屿这座拥有多元文化基因的岛屿作为常驻基地，每年向世界各国的艺术机构及艺术家发出邀请，通过他们的艺术驻地创作，塑造来自世界各国的艺术家视角下的鼓浪屿，产出带有鼓浪屿特色的作品，用国际的文化艺术交流让鼓浪屿与世界重新连接。

水泥花砖，聚焦在地文化的挖掘与创新。2021年，虫洞携手厦门杰出设计品牌"见南花"，共同发起"Re-Kolongsu复刻鼓浪屿"花砖再生计划。该计划将持续多年，分阶段采集鼓浪屿上所有老别墅里的花砖纹样，通过复刻、创新、延展，一步步揭开花砖在世界文化遗产建筑中留下的历史痕迹，同时向大众推广"厦门花砖"的日常生活之美，并将它再生再创持续演绎，用一块小小的花砖活化和记录这座世遗岛屿的人文价值。

从1876年的"AMOY CLUB厦门国际联合俱乐部"，到1921年的"海天堂构"，再到2016年的"虫洞书店"，时间与空间持续交互叙事，使这幢老别墅一直焕发着鲜活的生命力，近150年来始终是一个充满国际人文与文化艺术的"故事发生场"。

虫洞书店 / 虫洞1876空间

这是一个能令时空错乱的地方。
说到底，是因为它碰了你一下，
你不知道什么时候被碰到的，
只是这么一下，
你的节奏变了，眼神变了，
不是看到过去，就是看到了未来。

——《鼓浪屿事典》

鼓浪屿国际艺术驻留——新格虫洞文化艺术试验场

2016年,"我在岛上做——艺术家岛上驻留计划"。

2016—2017年,"莫兰蒂艺术计划"——《鼓浪留声》公共艺术装置、《鼓浪晓籽500记》雕塑、"鼓浪屿倒伏古树名木"诗歌铭牌等。

2017年,"英乐留声:英国音乐人中国驻地计划"[①]。

2017年,"我在岛上做——鼓浪屿文化虫洞多国艺术驻留成果展2016—2017"。

2018年,鼓浪屿国际艺术驻留——奥地利艺术家Conny Zenk《#FemWALK of Kulangsu/鼓浪屿女性角色一日游》行为艺术&视觉多媒体影像作品展。

2018年,鼓浪屿国际艺术驻留——荷兰艺术家马克·凡·杜文戴克《春岛》十周年摄影展。

2019年,鼓浪屿国际艺术驻留——奥地利艺术家Conny Zenk《Resonant Sights/共鸣景观》多媒体视觉音乐演绎(日光岩)。

2019年,鼓浪屿国际艺术驻留——美国艺术家Tim McCarty&Mervin《Love Variations/鼓浪屿:爱的变奏曲》实验肢体戏剧(鼓浪屿管风琴艺术中心)。

2019年,虫洞"爱在鼓浪屿"多媒体装置故事体验馆启幕。

2020年,鼓浪屿世界文化遗产保护成果展。[②]

2022年,"'复刻鼓浪屿'花砖再生计划"101块花砖成果展。

2023—2024年,"思明山海艺术季"[③]。

[①] 2017年恰逢鼓浪屿申遗成功,英国音乐人Emmy the Great为庆祝鼓浪屿申遗成功而作歌曲《鼓浪屿Kulangsu Song》,也作为当年申遗成功宣传曲目。
[②] 鼓浪屿世界文化遗产保护成果展,从魅力遗产、保护管理、活态传承三个方面梳理展览内容,整体展示,鼓浪屿申遗成功后三年来的遗产保护成果。
[③] "思明山海艺术季"在思明区围绕鼓浪屿、中山路、黄厝塔头的区域举办艺术活动,以"艺术行为创意表达在地文化"为核心理念,构成"艺术旅行+城市文化"的在地特色体验。

2016年，"我在岛上做——艺术家岛上驻留计划"

活动主海报

《最后的碎片》摄影
王鹏（中国）

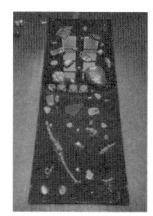

《借形》装置
刘展（中国）

《Beyond The Typhoon 台风之上》
VR 虚拟现实
Encor Studio
（瑞士）

《Meranti's Eye 莫兰蒂之眼》
纪录片
Elisa CUCINELLI
（法国）

《Room Reverb》音乐 MV
虎子 & 华东

2016—2017年，"莫兰蒂艺术计划"

《鼓浪晓籽500记》雕塑

《鼓浪留声》公共艺术装置

2016—2017年，"莫兰蒂艺术计划"——"鼓浪屿倒伏古树名木"诗歌铭牌

"鼓浪屿倒伏古树名木"部分诗歌铭牌及倒伏古树现场照片

311

2017 年，"英乐留声：英国音乐人中国驻地计划"

活动主海报

鼓浪屿申遗成功 Emmy the Great 送上原创歌曲《KULANGSU SONG》

英国音乐人 Emmy the Great 在鼓浪屿驻留创作 28 天后，创作了 7 首歌曲，于虫洞 1876 举办驻留创作成果音乐会

英国音乐人 Emmy the Great 创作的歌曲《缘分》，拍摄"实景＋插画"MV

2017 年，"我在岛上做——鼓浪屿文化虫洞多国艺术驻留成果展 2016—2017"

活动主海报

《莫兰蒂编舞法》录像、立体声音频 小坷 & 子涵

《重塑的剧场》摄影 王鹏（中国）

2018 年，鼓浪屿国际艺术驻留——奥地利艺术家 Conny Zenk
《#FemWALK of Kulangsu/ 鼓浪屿女性角色一日游》行为艺术 & 视觉多媒体影像作品

奥地利艺术家 Conny Zenk 在观海园内的老建筑前

晾晒诗歌，奥地利艺术家 Conny Zenk 将视觉影像结合鼓浪屿女性创作的诗句，悬挂在居民日常晾晒衣服的支架上，观众可自行取下阅读

投影诗歌，奥地利艺术家 Conny Zenk 将林巧稚语录以投影的方式投射在毓园墙体上

奥地利艺术家 Conny Zenk 驻留创作部分作品成果，舒婷诗句英译与多媒体影像结合

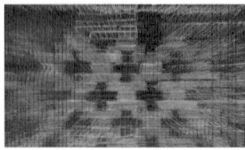

奥地利艺术家 Conny Zenk 驻留创作部分作品成果，原图为毓德女中建筑外墙

奥地利艺术家 Conny Zenk 驻留创作部分作品成果，原图为鼓浪屿老建筑窗户玻璃

2018年，鼓浪屿国际艺术驻留——荷兰艺术家马克·凡·杜文戴克《春岛》十周年摄影展

活动主海报 　　荷兰艺术家 Marco 在鼓浪屿博爱医院采风 　　摄影展现场，展览位于虫洞1876 二楼

2019年，鼓浪屿国际艺术驻留——奥地利艺术家 Conny Zenk《Resonant Sights/ 共鸣景观》多媒体视觉音乐演绎

此次演出，Conny Zenk 以日光岩作为创作背景，以曾经在鼓浪屿日光岩寺闭关的弘一大师作为创作元素，和她来自香港的好朋友实验音乐人 Paul 以及来自奥地利的灯光音响设计 Georg 共同呈现了一场视听盛宴。

Conny Zenk 将跟随板车拍摄到的景象，进行视觉艺术化处理，从地面到街道到建筑到天空，从龙头路到日光岩，从市井到寺庙，行进路线与拍摄视角均在表达艺术家心目中对弘一大师、对鼓浪屿地方文化的思考。

奥地利艺术家 Conny Zenk 从鼓浪屿常见的板车视角切入，跟随拍摄板车的行进路线

多媒体视觉艺术演出现场 　　　　　　　　　　　　　　　多媒体视觉艺术演出在鼓浪屿日光岩上演

2019年，鼓浪屿国际艺术驻留——美国艺术家 Tim McCarty&Mervin《Love Variations/ 鼓浪屿：爱的变奏曲》实验肢体戏剧

美国艺术家 Tim McCarty & Mervin 与厦门本土戏剧团"猫剧团"排练现场

美国艺术家 Tim McCarty & Mervin 与厦门本土戏剧团"猫剧团"鼓浪屿管风琴艺术中心彩排

《Love Variations/ 鼓浪屿：爱的变奏曲》实验肢体戏剧演出剧照 1

《Love Variations/ 鼓浪屿：爱的变奏曲》实验肢体戏剧演出剧照 2

《Love Variations/ 鼓浪屿：爱的变奏曲》实验肢体戏剧演出剧照 3

313

2019 年，虫洞"爱在鼓浪屿"多媒体装置故事体验馆

互动装置《时间大爆炸》　　　　　互动装置《万国特饮》

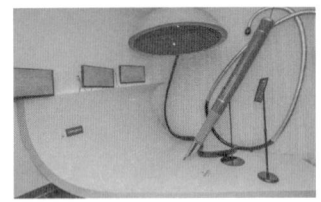

互动装置《打马字——爱的传译者》　　互动装置《林巧稚——拿起还是放下》

2020 年，鼓浪屿世界文化遗产保护成果展

鼓浪屿世界文化遗产保护成果展主视觉海报

"鼓浪屿 53 个爱的故事"部分音频内容在展览现场呈现，结合人物插画展陈设计

"鼓浪屿世遗成果展"展览现场

314

2022年，"'Re-Kusu 复刻鼓浪屿'花砖再生计划"第一年101块花砖成果展

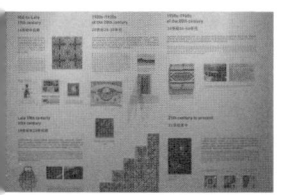

世界花砖简史 　　　　　　　复刻花砖纹样——海天堂构建筑内水泥花砖  　　复刻花砖纹样

鼓浪屿虫洞1876建筑内的水泥花砖 　　手工水泥花砖制作工序之一——手工花模制作 　　"复刻鼓浪屿"花砖工坊展览现场

2023—2024年，"思明山海艺术季"

"思明山海艺术季"　　　"思明山海艺术季"　　　"思明山海艺术季"　　　"思明山海艺术季"
主视觉海报　　　　　主视觉海报（黄厝塔头）　主视觉海报（中山路）　主视觉海报（鼓浪屿）

"思明山海艺术季"——中山路"水天一色"展览　　"思明山海艺术季"——中山路"水天一色"展览
部分作品1　　　　　　　　　　　　　　　　部分作品2

315

"思明山海艺术季"——鼓浪屿片区展览作品：
"消失的侨批"影像展＆"薄饼是厚的"诗画展1

"思明山海艺术季"——鼓浪屿片区展览作品：
"消失的侨批"影像展＆"薄饼是厚的"诗画展2

"思明山海艺术季"——装置

"思明山海艺术季"——涂鸦

苏翊童创作《啊！鼓浪屿》水墨画

特别篇：『莫兰蒂』与古树谱写的岛屿诗

2016年9月15日，新中国成立以来闽南最大的台风"莫兰蒂"横扫厦门，全城在一天之间经历了台风的洗练，倒伏65万株树，鼓浪屿倒伏约3000株树，其中更有20株百年以上古榕树倒伏。

当时，鼓浪屿正以"历史国际社区"定位申请世界文化遗产，除了建筑，古树名木也是鼓浪屿珍贵的文化遗产的重要组成部分。台风"莫兰蒂"来临时，正逢鼓浪屿管委会联合新格文创展开的"2016第一届鼓浪屿国际艺术驻留：我在岛上做——艺术家岛上驻留计划"项目在进行。台风来袭至全岛清理完毕后，2016年9月29日，鼓浪屿管委会迅速发起"鼓浪屿珍贵古树艺术再生创作沟通会"，探讨如何针对倒伏古树进行艺术再生创作，联合新格文创等机构共同发起"莫兰蒂艺术再生"计划，希望借艺术创作的力量介入城市再生，以"原地保护性创作"为原则，针对倒伏古树"一株一案"进行艺术创作，让历经百年风霜的古树名木以另一种姿态继续生长。一周内，便迅速收集到来自世界各方提供的创作方案，设计师、艺术家们用充满创意的方式纪念这次重大的自然灾害。

因有关单位及时的救扶工作，次年春天，倒伏的古榕树仅有一棵死亡，其余都已存活且生长较好。存活的倒伏古树让它们以各种倒伏的姿态，原地生长。仅有一棵确认死亡的240年树龄的古榕树，则由艺术家对其进行创作，作为一件台风"莫兰蒂"标志性纪念作品，取名为"鼓浪留声"。

其余存活下来的百年古榕树，通过实地考察，选取了

16棵倒伏古树制作了16个"鼓浪屿倒伏古树名木"纪念诗歌铭牌，以此作为对这一自然事件的记忆留存。牌子上写着古树名木的基本资料、标记树木所在地的地图，并且配上一句与"树木、种子、鼓浪屿"有关的诗句，这些与古树相伴的岛屿诗，散落在岛屿各处，陪伴着倒伏古树诗意地持续生长。

除了因台风"莫兰蒂"而遭受破坏的树木，艺术家将视角放大到更广的时空范围，岛上还有成千上万棵不同年龄的树木，我们不知道下一次大台风会在什么时候到来，我们只能珍惜当下，记住此时树木生长的状态，以此对抗未知的时刻。从这一角度出发，催生出由树木年轮搭建起的"引种之塔"，该作品取名为《鼓浪晓籽500记》，采集记录了岛上500多棵树木的年轮，以不规则的直径垒起圆形的种子之塔，在塔顶放置一颗希望的"种子"，希冀更多新生的树木在鼓浪屿落地生根。

见证时间的树木，不应该就此被遗忘，倒下的树木，我们选择用另一种方式再续它的意义。

"鼓浪屿倒伏古树名木"纪念诗歌铭牌

1.编号：G0026

曲曲绕绕，兜兜转转，随性而来，或许不经意处，正是你希望与之邂逅的老屋。

——Air夫妇《迷失·鼓浪屿》

G0026 位于漳州路 11-1 号（自来水公司外墙）

2. 编号：G0036

我必须是你近旁的一株木棉，作为树的形象和你站在一起。根，紧握在地下，叶，相触在云里。

——舒婷《致橡树》

G0036 位于厦门市音乐学校（鼓浪屿校区）大门旁（现已被拆除）

3. 编号：G0038

我不相信没有种子植物也能发芽，我心中有对种子的信仰，让我相信你有一颗种子，我等待着奇迹。

——亨利·戴维·梭罗《种子的信仰》

G0038 位于干部疗养院后门对面

4. 编号：G0078

在鼓浪屿，我们一步一个城，走着走着，便环游了世界。

——吴银兰《鼓浪屿》

G0078位于港后路54号（港仔后海滨浴场附近）

5.编号：G0068

我相信，满树的花朵，只源于冰雪中的一粒种子。

——席慕蓉《无怨的青春》

G0068位于港后路18号（纪念牌保留，古树已被移除）

6.编号：G0081

走吧，我们没有失去记忆，我们去寻找生命的湖。

——北岛《走吧》

G0081位于西林苗圃外墙

7.编号：G0155

在海边放一块石头，在石头上放一些树和小路，我觉得这差不多，就是鼓浪屿。

——李元胜《鼓浪屿》

G0155 位于会审公堂外墙（现已被拆除）

8.编号：G0148

前尘隔海，古屋不再，听听那冷雨。

——余光中《听听那冷雨》

G0148 位于内厝澳路1号

9.编号：G0171

我需要，最狂的风，和最静的海。

——顾城《世界和我·第八个早晨》

G0171 位于鼓新路 40 号

10. 编号：G0102

当我如此贪得无厌，将风景一一攫入心扉，敢情我自己也成了他人眼中的晨景？

——舒婷《鼓浪屿的快镜头》

G0102 位于黄家花园内

11. 编号：G0013

有些事，先放着，它会慢慢生长，而接了地气慢慢长出来的东西，往往最有力量。

——苏晓东《啊！鼓浪》

G0013 位于英国领事馆旧址后门

12.编号：G0015

土壤使树木束缚于土地，作为培植的酬报，天空一无所求，听任树木自由自在。

——拉宾德拉纳特·泰戈尔《流萤集》

G0015 位于日本领事馆旧址外墙

13.编号：G0063

使生如夏花之绚烂，死如秋叶之静美。

——拉宾德拉纳特·泰戈尔《飞鸟集》

G0063 位于中华路 1-1 号

14.编号：G0144

不是每一道江流都能入海，不流动的便成了死湖；不是每一粒种子都能成树，不生长的便成了空壳。

——冰心《谈生命》

G0144 位于原康泰路造船厂草坪上

15. 编号：G0095

绿草求她地上的伴侣。树木求他天空的寂寞。

——拉宾德拉纳特·泰戈尔《飞鸟集》

G0095 位于晃岩路 37 号（厦门女子师范学院旧址附近）

16. 编号：G0022

当落叶在泥土里消失了自己时，就加入了森林的生命里了。

——拉宾德拉纳特·泰戈尔《流萤集》

G0022 位于旗山路 1 号台阶上（现已被拆除）

《鼓浪留声》公共艺术装置

1. 艺术家刘展作品创作自述

方案描述： 台风"莫兰帝"于2016年9月15日登陆鼓浪屿，岛上的植物遭到了巨大的伤害，尤其是上百年的古树因此倒伏更加令人惋惜。鉴于当地政府有意保留这些珍贵的古树并着手启动古树改造艺术计划，我将围绕一棵没有再生可能的伏树进行创作。这些古树在岛上生长了几百年，大自然和时间已经将它们孕育得非常生动，经过台风的无情干预，这些树木与周边环境形成了新的结构关系，这种关系虽显突兀但确实也显示了一种独特的张力。我希望我们的"古树改造计划"承载的不仅仅是一个简单的景观诉求。

驻留鼓浪屿期间我将采集一些声音素材，声音素材分两类，一类是自然界和市井的声音，另一类是我探访岛上老居民所得的采访内容。这个庞大的声音素材就是关于鼓浪屿现实的、历史人文以及自然的一次全面的原生态记录，我要将这些声音植入到这棵百年古树当中永久地传播下去，让那些有心的并有感知力的游客可以聆听到这些生动的内容，我期望用这些声音复原出鼓浪屿原本的面貌。

工作内容： 首先我将组织人力对指定的伏树表面进行细化处理，剔除一些过于烦琐的细小枝干，使整个树木显得更加浑厚有力；尽力将树干上粗糙的树皮剥离掉，请专业木匠对树干主体表面进行打磨修剪，最终使树干尽可能地显示出细腻的质感。之后，让木匠在我指定的位置进行打洞，将若干扬声器植入进去。同时，我在鼓浪屿驻留期间进行声音的采集并整理。基于对现场的实地考察，这棵伏树将被移至附近的小广场中央并配备一个基座，作品所涉及的电路和设备将安置在基座中。另外，制作一个展签将古树装置的文字介绍和相关信息进行展示。因古树放置在户外，制作过程中我将考虑好技术问题以及后期设备维护的问题。

作品陈列及展览位置：树木原址为海上花园酒店门口，作品展览于市民及游客人流集中区，容易与人流产生较好互动。作品同时能与附近其他两株倒伏古树形成呼应，更好地诠释树木死亡后重生的寓意。

作品现状：因树木易被白蚁侵蚀，枝干内部日渐蛀空、外部树皮脱落，以及后续维护工作未能持续进行，据悉该作品已被搬离原址、遗弃处理。

极力的留存也终将消逝，它最终被遗弃或许也印证了那句话：遗忘的同时，开始了记忆。让它留在曾经与它发生交集的人们的记忆里。

2. 作品展签

品种：榕树　　树龄：210年

这株陪伴了鼓浪屿两百多年的榕树因"莫兰蒂"台风而倒下，尽管她目前仍旧粗壮，但失去了根基的树干终究会随着时间的逝去而腐烂消失，就像今天在鼓浪屿上能够听到的鲜活动听的故事也会随着时间的流逝而被遗忘。艺术家将这株古树视为一个容器，将收集的关于鼓浪屿的记忆深埋其中成为她新的养分，并不断地补充这些养料。今天的记忆和发生构成了明天的回忆，这株古树便成为一个无限容量的记忆库，随时等待被开启。

艺术创作：刘展

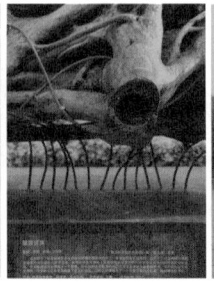

倒伏死亡的古榕树枝干原貌　　《鼓浪留声》作品细节图1　　《鼓浪留声》作品细节图2

《鼓浪留声》作品照

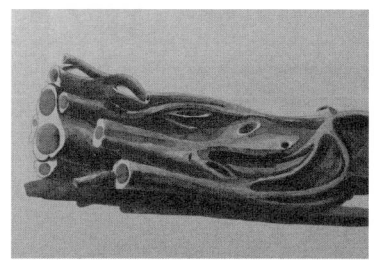

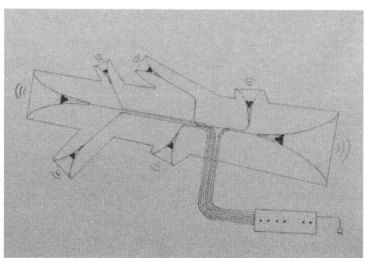

艺术家创作手绘稿

《鼓浪晓籽500记》雕塑

1. 艺术家刘展作品创作自述

方案描述：这个雕塑方案的形态并不依据具体的事物，而是由一个概念生成来阐述种子的含义。我将测量出鼓浪屿上500~600棵树的周长，依据这些周长得出若干个大小不一的圆，将这些圆同心叠加起来可得到一个由下至上脉动式的抽象塔形。圆心即种子，这个塔身便是种子和时间的结合体。

工作内容：作品的塔身由黄铜铸造而成，高约3米，最大直径约1米，这尊铜塔集合了不少于500棵树的数据。经我实地考察，在这个区域内同一个品种会反复出现，而且直径也比较接近，为了避免数据的重复，我将有选择地对数据进行采集。数据的内容包括树的直径、品种、树龄、GPS地理定位图、照片。我会将这些内容用手抄本的形式记录在案，另外还会将这些数据进行排版，制作成一块罗盘式的铭牌镶嵌于地面，直径约1米。

作品现状：该作品目前存放于福建路34号虫洞书店1876庭院。

2. 作品展签

鼓浪屿上有座引种园，古往今来，一颗颗种子漂洋过海扎根于此，开始了它们各自的生命历程，植物引种让鼓浪屿长成如今美名远传的"海上花园"。与此同时，几百年来鼓浪屿这座小岛打破着时空界限让多国文化汇聚于此，伴随着植物引种的持续，文化引种也一直在这里发生发酵，最终使鼓浪屿成为联合国世界文化遗产地。如今，我们将生长在鼓浪屿的树木如实的状态收录在案，用现代艺术的手法铸造出这座引种之塔，在塔顶埋下一枚通向未来的种子，继续等待时间的浇灌……

kulangsu鼓浪晓籽500记

2017.9.15

鼓浪屿晓学堂文化虫洞艺术驻留计划

艺术家刘展作品

《鼓浪晓籽500记》作品照　　艺术家创作手绘稿

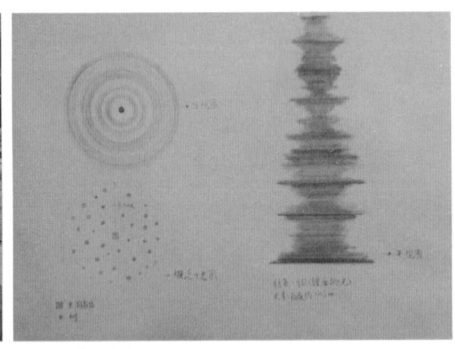

鼓浪屿——
世界文化遗产

- 01 鼓浪屿工部局遗址
- 02 鼓浪屿会审公堂旧址
- 03 日本警察署及宿舍旧址
- 04 美国领事馆旧址
- 05 日本领事馆旧址
- 06 英国领事公馆旧址
- 07 厦门海关理船厅公所旧址
- 08 厦门海关通讯塔旧址
- 09 厦门海关副税务司公馆旧址
- 10 厦门海关验货员公寓旧址
- 11 天主堂
- 12 协和礼拜堂
- 13 三一堂
- 14 英国伦敦差会女传教士宅
- 15 基督教教徒墓园
- 16 日光岩寺
- 17 种德宫
- 18 救世医院和护士学校旧址
- 19 博爱医院旧址
- 20 私立鼓浪屿医院(原宏宁医院)旧址
- 21 毓德女学校旧址
- 22 蒙学堂旧址(吴添丁阁)
- 23 安献楼
- 24 闽南圣教书局旧址
- 25 万国俱乐部旧址
- 26 洋人球埔旧址
- 27 延平戏院旧址
- 28 鼓浪屿自来水供水设施旧址
- 29 燕尾山午炮台遗址
- 30 三丘田码头遗址
- 31 亚细亚火油公司旧址
- 32 和记洋行仓库遗址
- 33 丹麦大北电报公司旧址
- 34 汇丰银行公馆旧址
- 35 汇丰银行职员公寓旧址
- 36 商办厦门电话股份有限公司旧址
- 37 中南银行旧址
- 38 西林·瞰青别墅
- 39 黄家花园
- 40 黄荣远堂
- 41 海天堂构(虫洞书店1876)
- 42 八卦楼
- 43 杨家园
- 44 番婆楼
- 45 菽庄花园
- 46 廖家别墅(林语堂故居)
- 47 黄赐敏别墅
- 48 春草堂
- 49 四落大厝
- 50 大夫第
- 51 黄氏小宗
- 52 重兴鼓浪屿三和宫摩崖题记
- 53 日光岩及延平文化遗迹(国姓井、龙头山寨遗迹等)

鼓浪屿倒伏古树名木

- G0013 原英国领事馆旧址后门
- G0015 日本领事馆外墙
- G0026 漳州路11-1号(自来水公司外墙)
- G0038 干部疗养院后门对面
- G0063 中华路1-1号
- G0068 港后路18号
- G0078 港后路54号(港仔后海滨浴场旁)
- G0081 西林苗圃外墙
- G0095 晃岩路37号(厦门女子师范学院旧址旁)
- G0102 黄家花园内
- G0144 原康泰路造船厂草坪
- G0148 内厝澳路1号
- G0171 鼓新路40号
- G0155 会审公堂外墙(现已被拆除)
- G0022 旗山路1号台阶上(现已被拆除)
- G0036 厦门市音乐学校(鼓浪屿校区)大门旁(现已被拆除)
- G0057 海上花园酒店对面(鼓浪留声装置旧址,现已被拆除)

鼓浪屿53个世遗要素点位及莫兰蒂古树名木倒伏纪念地图 （岛屿诗古树诗歌铭牌）

一、著作类

1. 林语堂:《八十自叙》,宝文堂书店,1990年。

2. 龚洁:《鼓浪屿名人逸事》,鹭江出版社,2008年。

3. 梁秋实:《梁秋实精选集》,北京燕山出版社,2015年。

4. 洪卜仁、詹朝霞:《鼓浪屿学者》,厦门大学出版社,2011年。

5. 孙立川、朱南:《黄奕住大传》,中华书局,2021年。

6. 〔美〕潘维廉:《老外看老鼓浪屿》,厦门大学出版社,2010年。

7. 张圣才口述、泓莹整理:《张圣才口述实录》,广西师范大学出版社,2016年。

8. 〔美〕玛丽·奥古斯塔·罗啻:《中国故事——罗啻女儿回忆厦门生活(1851—1859)》,周维江、黄秀君译,厦门大学出版社,2020年。

9. 詹朝霞:《鼓浪屿 故人与往事》,厦门大学出版社,2016年。

10. 鲁迅、景宋:《两地书》,人民文学出版社,2006年。

11. 房向东:《恋爱中的鲁迅——鲁迅在厦门的135天》,上海交通大学出版社,2016年。

12. 何书彬:《创城记——追寻老厦门印迹》,海峡书局,2017年。

13. 陈进东、郑维明:《鹭岛的沧桑往事——八世纪至二十世纪中叶》,福建美术出版社,2011年。

14.中国人民政治协商会议福建省厦门市委员会、文史资料研究委员会编:《厦门文史资料(选辑)》(第四辑),内部资料,1983年。

15.朱水涌主编:《鼓浪闻音·名家笔下的鼓浪屿》,电子工业出版社,2011年。

16.〔英〕迈克尔·苏立文:《20世纪中国艺术与艺术家》,陈卫和、钱岗南译,上海人民出版社,2013年。

17.海鹰:《一世琴缘——鼓浪之子胡友义》,厦门大学出版社,2014年。

18.龚洁:《鼓浪屿老别墅》,鹭江出版社,2010年。

19.颜允懋、颜如璇、颜园园:《鼓浪屿侨客》,厦门大学出版社,2010年。

20.晋江市档案局(馆)编:《图说晋江侨批》,九州出版社,2016年。

21.舒婷:《真水无香》,作家出版社,2007年。

22.朱水涌:《厦大往事》,厦门大学出版社,2011年。

23.马叙伦:《我在六十岁以前》,生活·读书·新知三联书店,1983年。

24.鼓浪屿申报世界文化遗产系列丛书编委会编印:《鼓浪屿文史资料》,内部资料,1995年。

25.厦门市图书馆编:《厦门人物辞典》,鹭江出版社,2003年。

26.赵尔巽等:《清史稿》卷422《徐继畬传》,中华书局,1998年。

27.彭一万:《许斐平纪念文集》,中国文联出版社,2002年。

28.〔美〕毕腓力:《厦门纵横——一个中国首批开埠城市的史事》,何丙仲译,厦门大学出版社,2009年。

29.何丙仲:《一灯精舍随笔》,厦门大学出版社,2022年。

二、期刊类

1. 彭一万：《林文庆与厦门大学——写在厦门大学百年华诞之际》，《炎黄纵横》2021年第5期。

2. 许国栋：《菲律宾的著名侨领李清泉》，《华人华侨历史研究》1988年第3期。

3. 王守桢：《学者·诗人·书法家虞愚先生》，《厦门文学》2005年第12期。

4. 王守桢：《虞愚教授轶事》，《炎黄纵横》2005年第1期。

5. 郁达夫：《记广洽法师》，《星洲日报》1939年。

6. 刘亚静：《浅谈闽派山水画家杨夏林的艺术特色》，《明日风尚》2016年第24期。

7. 李自涌：《重现大师精品 缅怀昔日辉煌——孔继昭、杨夏林合作的两套传世年画精品》，《东方收藏》2020年第7期。

8. 张瑞敏：《杨夏林对国画山石皴法的发展》，《艺术生活》2015年第6期。

后记

这些附在53个岛屿时光故事里的小诗，大多源于我在青少年时期，因为阅读伤痕文学及朦胧诗而爱上现代诗歌写作所写的一些练习作品。那也是一个少年经历了无病呻吟为赋新词强说愁，在爬过了青春无奈的时代于小岛上的呐喊……

再后来，再后来，我半百回来，在这个地方，在这座小岛，我开了一间遇见时空穿越的虫洞书店。我看见了那个日光岩脚下的自己，那个在皓月园大德记沙滩上用脚蹚过海蓝色墨水的自己，那个陌生又熟悉的自己，那个还在练习着爱与恐惧、成长与失去的自己。

你去满世界寻找
小岛丢失的音符
阳光打在你坚硬的背上
那些经历了岁月的赞歌
和厚厚的一本书

时光无限地拉长
岛也连成了诗
在诗歌的尽头
音声鼓浪
四海茫茫

本书写于疫情肆虐之时，其间风雨兼程，诸多不易。幸得社会各界亲友鼎力相助，方能成书。在此，向每一位给予鼓励支持、提供素材、斧正意见的朋友与家人致以最深的谢意。你们的陪伴与支持，如灯塔照亮了我们同行的道路。愿此书能成为我们共同记忆的一部分，为读者带去一丝光亮与温暖。

感谢厦门市委宣传部、厦门文联以及厦门市文艺发展专项资金的支持，感谢思明区政府和鼓浪屿管委会等多年来对我们的支持，感谢何丙仲、朱家麟、陈耕、蔡松荣、詹朝霞、黄长铗、陈亚元、曾谋耀等诸位文史老师的帮助，感谢叶重耕、潘立方、郑一琳、张顺彬、王维山、杨琪、李云丽、何福龙等师长的长期关爱。尤其要感谢鹭江出版社的同仁们，他们的专业编辑、精美装帧让这本书焕发出了独特的魅力，得以更好地呈现给读者。感谢新格文化和晓学堂文化虫洞（虫洞书店）的所有伙伴们与共建人，感谢厦门720基金与北京华盖资本的柯希杰、许小林、向正大、许松茂、王东、张敏等，正是大家的共同努力与虫洞书店在鼓浪屿的坚守如故，才让这本书能够顺利面世，走进更多人的视野。

感谢所有的合作者和多年来一起共勉抱团的鼓浪屿家庭旅馆和文化商家伙伴们，你们的坚守，为鼓浪屿增添了丰富的内涵与真实的情感。同时，也要感谢每一位鼓浪屿的访客，尤其是多年来参与虫洞鼓浪屿国际艺术驻留的来自世界各地的艺术家朋友们，你们的足迹与创作也成就了鼓浪屿和虫洞书店的更多新可能，为这本书注入了无限的生机与活力。

感谢！

岁月、岛屿，和每一个热爱生活的人。

阅读，是生命中最美好的遇见。感谢，在岛屿诗，遇见你。

苏晓东

2024年2月于鼓浪屿福建路34号

海天堂构南楼虫洞书店